나무나 세네갈

초판 인쇄 2016년 12월 26일
초판 발행 2016년 12월 27일

지 은 이 이영운
발 행 인 김인식
발 행 처 한국국제협력단
주 소 경기도 성남시 수정구 대왕판교로 825
전 화 031.740.0114
팩 스 031.740.0655
홈페이지 http://www.koica.go.kr

펴 낸 이 윤태현
편 집 선형숙
디 자 인 윤의숙
펴 낸 곳 시나리오친구들
출판등록 1999년 3월 5일 제201-13-917호
주 소 서울시 마포구 아현동 굴레방로1길 6
전 화 02.712.9286
팩 스 02.712.9284

ISBN 978-89-89538-81-3 (03810)
값 13,000원

나무나 세네갈

이영운 지음

WORLD FRIENDS KOREA
KOICA 한국국제협력단

축구를 무척 사랑하는 서부 아프리카의 중심 국가인 세네갈에 와서 생활한지도 이제 두 해가 지났다. 처음 왔을 때는 무더운 날씨, 생소한 언어, 이질적 문화에 적응하기가 쉽지 않았다. 그러나 KOICA에서는 이곳에 정착하여 안정되게 생활하도록 주거, 건강, 안전 등을 효과적으로 지원해 주었다.

내가 근무하는 곳은 세네갈 교육부 유아교육청이다. 교육부에서 별도로 떨어져 나와 있는 사무실이다. 유아교육청장인 Ousmane Diouf는 성격이 온화할 뿐만 아니라 업무 추진력이 뛰어나다. 유아교육청을 잘 관리하고 있으며, 내가 필요한 것은 무엇이나 잘 안내해 주고 지원하고 도와준다. 그래서 사무실 근무에도 별 무리 없이 잘 적응하고 근무하게 되었다. 그리고 세네갈 사회와 문화에 잘 적응할 수 있도록, 축제 때마다 집으로 초청한다. 나는 그의 가족이다.

KOICA 자문단에게는 일반적으로 근무처에서 특별한 업무를 부여하지 않는다. 스스로 계획하고 상황을 판단 분석하여, 필요한 일을 하고 또 제안, 분석, 추진하게 된다.

나는 그 사이에 6십여 개의 유치원, 초중등학교를 방문했다. 또 2십여 개의 유엔 산하 국제기구 및 교육 관련 기관 등을 찾아다녔다. 현장 방문을 통해 얻은 경험을 바탕으로 세네갈 유아 교육이 필요로 하는 내용이나 지원 사업 등을 탐색하고 정책을 제안해 왔다.

세네갈의 15세 이상 인구의 문해율은 2011년 기준 52.1%이다. 이는 2002년 39.3%에서 크게 상승한 것이다. 그중 남성의 비율 은 66.3%, 여성의 비율은 40.4%으로 집계되었다.

세네갈은 2025년까지 영유아 보호 및 유치원 취학을 50%까지 달성하기 위한 계획을 갖고 있다. 또한 2018년까지 초등학교 취학률 98%, 이수 비율 96% 달성을 목표로 두고 있다. 이를 위하여 2013~2025년 교육과 직업훈련을 위한 전략계획(Programme d'Amélioration de la Qualité, de l'Équité et de la Transparence du Secteur de l'Éducation et de la Formation; PAQUET)을 수립하여 국가개발계획인 PSE를 뒷받침하고 있다.

정부는 이 전략계획을 통해 모든 어린이에게 평등한 교육기회를 제공하려고 하고 있다. 사회적, 지역적, 성별 그리고 교육 인프라 및 인적자원의 불균형을 고려하여 균등한 기회를 만들고자 하는 것이다.

세네갈은 2005년 이후 매년 정부예산의 40%를 교육 분야에 배정하고 있다. 특히 초등교육 등록률에 있어서 괄목할 만한 성장(69.4%에서 82.5%로 성장하였다.)을 이루었다. 그러나 도농 간 교육 격차 감소, 남녀 아동 간 교육 불평등 문제, 교육의 질 제고, 적정 교사 수 확보 등 미결 과제들이 존재한다. KOICA와 세네갈의 여러 가지 협력 사업은 이제 완숙기에 접어들고 있다. 특히 2015년에는 세네갈이 중점 협력국가로 지정되면서 지원과 협력은 계속 증가하게 될 것이다.

그 사이 나는 교육현장의 관찰을 통해 느낀 점들은 몇 가지 열거하면 다음과 같다.

첫째, 교육 인프라의 열악함이다. 특히 사립학교를 제외한 공립학교의 경우는 설립 후 지속적인 유지 보수가 이루어지지 않고 있다. 그 결과 더위, 병충해, 자연 재해 등에 효과적으로 보호막을 이루어주지 못하고 있다.

둘째, 교육 기구와 자료의 부족이다. 가장 기본적인 교수 도구인 칠판은 너무 낡았고 또 칠판을 물로 지움으로써 수업 시간이 많이 낭비되고, 흐름이 끊기고 있다. 또한 책걸상은 워낙 낡고 훼손되어 학생들이 제대로 쾌적한 상태에서 수업 받기가 불가능하다.

셋째, 수업 자료의 부족이다. 수업 내용을 뒷받침하는 적절한 교수 학습 자료가 필요한데 이런 자료들을 거의 제공하지 못하고 있다.

넷째, 교사들의 수업 기술 연수가 필요하다. 선생님들은 주기적으로 심도 있는 연수가 필요하고, 이에 대한 평가도 이루어져야 한다.

그밖에도, 학부모의 관심과 지원, 교사의 근무여건 개선, 체계적인 학교 평가, 주기적인 교육과정 개편, 월간 · 주간 · 일간 교수학습 계획표 작성, 교사와 학교 경영자의 책무성, 교육 행정기관의 정기 장학 지도 등이 필요하다.

그 사이에 세네갈의 교육현장의 관찰과 교육자들의 의견을 광범위하게 청취했다. 그 결과 세네갈에는 가장 기초 기본 교육의 기반이 되는 '유아교육체험학습센터'의 건립이 절실하다는 결론에 이르렀다. 그래서 '유아교육체험학습센터' 프로젝트를 완성하여 KOICA에 제출했다.

세네갈에는 유아 교육을 획기적으로 개선 지원할 교원의 연수 교육 및 유아의 체험 학습 전문 기관과 공간이 거의 없다. 아프리카 최대의 '유아교육체험학습센터'의 설립으로 세네갈 및 수도 다카의 모든 유치원, 유아, 학부모, 교원을 대상으로 우수한 프로그램과 좋은 환경을 기반으로 한 체험 학습을 제공하게 된다. 이 센터가 설치되면 세네갈 유아들에게 행복 교육의 요람 역할을 하게 될 것이다.

유아를 위한 다양한 체험 학습 제공, 교육 선진 유아 교육 방법 연수, 국가의 정체성 확립, 효과적인 교재 교구의 보급을 통해 21세기 세네갈 및 아프리카의 유아 교육을 선도하게 될 것이다. 75억 FCFA이 예산으로 투입되는 대규모 프로젝트다.

세네갈에서의 2년은 나에게는 너무도 뜻 있고 보람찬 시기였다. 한국에서 40년의 교육자 생활을 했었다. 나의 경험과 세네갈의 현실을 바탕으로 여러 가지 정책 제안을 해왔는데, 세네갈의 교육과 어린이들의 미래에 조금이라도 보탬이 되었다면 나로서는 더 없는 보람이며 영광일 것이다.

가족과 오래 떨어져 산다는 것은 쉬운 일이 아니다. 우리 가족들은 내가 이 이 먼 곳에서 잘 근무할 수 있도록 나를 잘 이해해 주었다. 그리고 가정을 잘 꾸려주고 아이들을 잘 보살펴 준 집사람에게 특별한 감사의 말을 전하고 싶다.

2016. 12.

이영운(Jean Diouf)

목 차

제1부 세네갈 엿보기

목 차

제2부 웬 에볼라

제3부 노예의 슬픔 고레섬

목 차

제4부 탈리베들과 함께

목 차

제5부 우리의 한계

세네갈 엿보기

1부

1

살라 말래꿈!

"살라 말래꿈(평화가 함께하기를)!"

"말라꿈 살라(당신에게도 평화를)!"

"낭가 데프(어떻게 지내세요)?"

"망기피니(예, 잘 지내요)."

두 손을 활짝 펴든 마마두 디우프(Mamadou Diouf) 과장과 인사를 나눈다. 이곳은 서부 아프리카 세네갈이다. 수도 다카르르(Dakar)에도 봄이 왔지만, 날씨는 매일 섭씨 40도를 오르내린다. 나는 작년 7월 세네갈 교육부에 부임하여 8개월째 근무하고 있다. 그사이에 비가 온 날은 이삼일에 불과했고, 그나마 찔끔찔끔 내렸나.

아침, 사무실에 들어서니 벽시계가 7시 40분을 가리키고 있다. 언제나 사무실 문을 처음 여는 사람은 나다. 아홉시 반쯤 되자 직원이 한두 사람씩 나타난다. 10시 반, 11시가 되자 모든 얼굴이 보인다.

직원들은 15개의 사무실을 돌면서 '살라 말래꿈!'으로 시작되는 2십여 개의 인사말을 모든 사람과 나눈다. 교육국장도 역시 모든 사무실을 돌며 인사한다. 진작 아침 인사를 마치고 자기 자리로 돌아가 업무를 시작하는 시간은 11시가 훨씬 지나서이다.

나는 작년, 2014년 2월 정년퇴직을 했다. 40년 가까운 교직 생활을 제주외국어고등학교와 제주중앙여자고등학교 교장을 마지막으로 교직의 문을 나섰다. 든든한 공직의 울타리 안에서 오직 한길만 가다 막상 소속도 없고, 이정표도 없는 황야에 발을 내디디니, 참으로 당황스럽고 어찌할 바를 몰랐다. 자유는 생소하고 어색하기까지 했다. 초등학교에 입학하는 어린이의 마음과 두려움이 나를 에워싸고 있었다.

얼마 동안, '중장년 일자리 센터'에서 안내 봉사, 또 종교 기관 어린이집에서 사군자 봉사활동 등을 하면서 지냈다. 물론 퇴직 교육자 동우회를 중심으로 제주도의 아름다운 풍광을 즐기면서 오름과 올레길을 탐방하기도 했다. 그러나 가슴 한쪽이 항상 허전했다. 40년의 경험을 살리면서 보다 유익한 일을 하고 싶은 열망이 아직 가슴 한구석에 남아 있었기 때문이다.

퇴직을 6개월 앞두고 나는 공무원연금공단에서 시행하는 퇴직 예정자 사회 적응 연수에 참여했다, 연수를 통해 한국국제원조기관인 한국국제협력단(KOICA, Korea International Cooperation Agency)의 해외봉사활동 사업에 대해 알게 되었다.

중장기자문단 교육 일반 분야에 응시했고, 연수를 거쳐 세네갈 교육부에 파견되었다. 처음 이곳에 와서 정착하기가 쉽지는 않았다. 집을 빌리고, 전기와 수도를 신청하고, 가게에 가서 가스통 사다 가스레인지와 연결했다. 말이 통하지 않는데 장 보고, 해보지 않은 취사를 혼자 해결하는 일은 결코 녹록지 않았다.

지난해 11월엔, KOICA에서 한국 연수를 다녀온 세네갈 젊은 엘리트 8십여 명을 대상으로 세미나를 개최했다. 나는 '세계 최고의 교육 국가-한국(The Best Education - South Korea)'을 주제로 한 기조 강연을 했다. 이 젊은 이들은 세네갈 정부에서 선정한 엘리트로 중요 관공서에서 핵심적인 역할을 하고 있는 빤짝이는 눈망울을 가진 세네갈 미래의 중추들이다. 기조 강연이 끝나자 한국 교육에 대한 질문이 물밀듯이 쏟아졌다. 나는 현장 경험을 중심으로 가능한 상세하고 현실감 있는 답변을 주었다. 그들은 한국의 교육 체제와 경험에 너무도 배고파하고 있었다.

나는 2개월에 한 번씩 교육국 전 직원을 대상으로 선진국의 교육 정책과 교육 과정 등에 대한 세미나를 개최한다. 원고를 영어와 불어로 작성하고 파워포인트를 제작하고 다과도 준비한다. 프랑스 문화에 길들여진 직원들의 질문과 의견 개진은 끝이 없다. 그들의 한국 교육에 대한 사랑과 열망을 보면, 나도 눈시울이 뜨거워지면서 어떤 행복에 젖어든다.

세네갈의 교육 환경은 우리나라의 오륙십 년대와 같다. 수도 다카르는 어느 정도 교통수단이 정비되어 있으나, 그 밖의 지역은 열악하기 그지없다. 한국이라면 몇 차례 폐차 처분을 받았을 차들이 운행되고 있다고 생각하면 될 것이다. 택시를 타면 가다가 멈추는 경우가 비일비재하고, 차문은 닫히지 않거나 열리지 않아 밖에서 잡아당겨야 하는 경우가 많다.

얼마 전에 세네갈 북부에 있는 생루이 지역 유치원 교육을 파악하기 위해 출장을 갔다. 생루이까지는 5시간이 걸린다. 작년에 생루이에서 출장 오던 시니어 봉사단원이 교통사고를 당해 현재까지 반신불수 상태에 있다고 한다.

유치원은 열악하기 그지없었다. 공립 유치원인 '자일로 유치원'은 교실이 세 칸 있었다. 한 칸은 천장이 무너지고 기물이 거의 파괴되거나 녹슬어 방치되고 있었다. 풀풀 날리는 모래더미가 운동장이고 교실이고 바닥에 비닐 돗자리 하나 깔아야 할 정도였다. 벽은 시멘트가 반 이상 떨어져 나가 있었고, 낡은 그림 몇 장이 붙어 있을 뿐이었다. 아이들의 필기도구는 가로세로 15센티미터쯤 되는 작은 흑판에 분필로 쓰는 것이 전부였다.

인생 이모작이라는 말이 이제야 실감난다. 나는 그사이에 선진국의 교육 정책을 5십여 건 제안하여 세네갈 중장기 교육 정책 수립을 지원하고 있다. 최근에는 유아 교육 과정을 마련하고 있고, 학교 평가 척도도 개발 중에 있다.

앞으로의 계획은 세네갈에 서부 아프리카를 대표하는 유아교육진흥원을 설치하는 일이다. 이 프로젝트가 실현된다면, 그곳에서는 교사 연수, 유치원 학생의 체험 학습 프로그램과 교육과정 시범 운영, 어린이 안전과 건강 교육 등을 종합적으로 담당하게 될 것이다.

작년에 서부 아프리카를 강타한 에볼라로 세네갈에서 활동하던 봉사단원들이 반 이상 귀국해 버렸다. 본인의 뜻보다는 고국의 부모와 친구들의 걱정이 너무 심했기 때문이라고 한다. 그러나 한국은 세계 최초로 수혜국에서 수원국이 된 참으로 모범적인 나라다. 구더기 무섭다고 장 담그는 일을 그만둘 수는 없다.

나는 지금까지 3십여 개의 학교를 방문했다. 찾은 학교마다 새까맣지만 하얀 눈과 빛나는 치아를 가진 아이들의 천진난만한 웃음소리와 그들이 내밀었던 고사리손들을 잊을 수 없다. 이 열사의 검은 대륙에 '꿈을 심어 희망을 키우는 것'이 이제 나의 새로운 소망이 되었다. 열병식으로 도열한 천년의 바오밥 나무처럼, 나도 그들에게 작은 바오밥이 되고 싶다면 지나친 욕심일까?

※ 이 글은 8백여 명이 응모한 2015년 제14회 공무원연금 수필 공모전에서 대상을 받은 체험 수기입니다.

유아교육청 청장 및 직원들과 함께

홍 엄마

"홍 엄마 집에 가실래요?"

"직접 뵙고 싶었는데, 함께 가도 되나요?"

"네! 그분은 항상 모든 사람, 대환영이에요."

세네갈 봉사단원들 사이에는 홍 엄마라는 분이 유명하다. 단원들이 수도인 다카르에 올라와서 잠잘 곳이 변변치 않거나, 배고픈데 돈이 떨어졌거나, 고민거리가 생겼을 때는 모두 홍 엄마를 찾아간다. 천사 같은 그런 어머니가 계시다니, 항상 궁금했다.

나는 며칠 후에 한국으로 휴가를 떠나는데, 선물거리가 마땅치 않아서 고민하고 있었다. 지갑을 살까 하고 있었는데, 마침 홍 엄마가 도와주겠다고 했다.

슘베듐 시장에서 그녀를 만났다. 이 시장은 관광객을 대상으로 그림, 나무 조각품, 가죽 제품 등을 판다. 그녀는 산뜻한 골프복 차림이었다. 방금 라운딩을 마치고 오는 길이라고 했다. 그녀는 흥정의 달인이었다. 생각이 뚜렷하고, 현지어 대화는 거칠 것이 없었다. 덕분에 선물들을 적절한 가격에 구입할 수 있었다.

홍 엄마는 집으로 우리를 초대했다. 이미 도우미가 저녁식사 준비를 끝내고 있었다. 오늘의 메뉴는 제부젠이다. 제부젠은 기름으로 볶은 밥에 생선을 곁들여 먹는 음식으로, 한국인의 식성에도 아주 잘 맞는다.

여기서는 하나의 쟁반에 모든 음식을 함께 올려 먹는다. 주민들은 오른손으로 식사하니 수저가 필요 없다. 지름이 육칠십 센티미터가 넘어 보이는 쟁반에는 생선과 각종 야채 또 양고기를 저며 환으로 만든 음식도 나왔다. 매콤하면서도 느끼하지 않고, 부드러우면서도 감칠맛이 넓게 퍼지는 음식 맛이 환상적이다. 우리는 식사와 대화를 함께 먹고 즐겼다.

그녀는 세계 굴지의 다국적 가발 회사의 부대표다. 4십여 년 전 그녀의 이모부가 한국에서 가발 회사를 시작했고, 그녀는 곁눈질로 가발 디자인을 익혔다. 그 후 중국에서 가발 회사를 차려 운영하다가 스카우트되어 이곳에서 20년 가까이 일하고 있다. 세계적으로 가발 디자인에선 둘째가라면 서럽다고 했다.

아프리카까지 와서 물질적으로 정신적으로 힘들어하고 있는 젊은 봉사단원들을 보자 그녀는 측은한 마음이 들어 집으로 초대했었다. 10년 전의 일이다. 너무도 따뜻한 그녀의 후의에, 남녀 불문하고 다카르에 오는 단원들이 잘 곳이 마땅치 않거나, 먹을 것이 힘들 땐 자기 집처럼 그녀의 집을 드나든다. 모든 방은 언제나 개방되고, 냉장고에선 무엇이나 꺼내서 먹을 수 있다. 물론 전부 무상이고 대가를 바라지도 않는다. 마침 함께 간 단원의 생일이어서 그녀는 직접 디자인해 주문한 핸드백을 선물했다. 그녀는 모든 봉사단원들의 생일을 기억하고 끊임없이 베푼다.

이런 이야기도 들려줬다. 몇 년 전 한 여자 단원이 공항에서 전화했다. 귀국하는데 짐이 초과되어 못 떠나고 있다는 것이었다. 그녀는 즉시 공항으로 가서 4십여 만 원을 대신 지불해 줬고 단원은 무사히 출국했다. 그러나 단원은 지금까지 고맙다는 인사도, 돈도 돌려보내지 않았다고 한다. 보상을 바라진 않았지만, 마음이 아주 조금 쓸쓸했다고 한다.

그래서 나는 깨닫게 되었다. 그녀의 이름 '홍 엄마'는 마음 넓은 어머니여서 '홍(弘) 엄마'가 된 것이라고.

홍주희 님 집에서 신규 단원 환영식이 있었다.

무통 수도를 점령하다

유아교육청장이 타바스키(Tabaski) 축제에 집으로 초대했다. 그는 8층 아파트에 산다. 아파트 마당엔 양들이 여기저기 묶여 있다. 조금 기다리니 국장 오스만과 아들 모하메드가 들어온다. 모스크에서 기도를 마치고 오는 것이다. 1층 현관으로 부른다. 이미 양 잡는 작업은 여기저기서 진행 중이다. 매어 있는 가장 큰 양이 그가 준비한 것이다. 친구들 모습을 보고 놀란 것인지 계속 울어댄다. 일고여덟 마리의 양이 한곳에서 소위 재물로 바쳐지고 있었다. 그중에는 아주 어린 양도 있었는데, 옆에 함께 간 여선생은 눈물이 거의 쏟아지는 듯했다. 조금은 엽기적인 모습을 온 가족이 무심히 지켜보며 거든다. 양처럼 온순하다는 말처럼 큰 소리 한 번 안 지르고, 자연의 섭리에 따르는 듯했다. 나는 차마 다 보지 못하고, 이리저리 괜히 헤집고 다녔다.

세네갈에서는 이 날을 월어프 말인 '타바스키'라고 부르고, 다른 무슬림 국가에서는 '아드 알 아드하(Eid Al Adha)'라고 부른다. 아브라함(Abraham)이 신의 명령을 따라 자신의 아들 이삭(Isaac)을 희생 제물로 바치려는 마지막 순간에, 신이 양을 마련해 대신 제물로 삼았다는 내용에 기인한다.

한 여자가 큰 통을 머리에 이고, 아이들과 함께 왔다. 아이들은 여기저기서 고기를 조금씩 얻어서 어머니에게 넘긴다. 원래 양을 잡으면 삼등분하여 가난한 자, 이웃, 그리고 가족이 나누었다고 한다. 거의 두 시가 되었을 때 구운 양갈비와 약간의 고기 그리고 바게트가 나왔다. 수저 없이 오른손으로 먹는다. 이것이 아침 식사다. 대여섯 시에 먹는 것이 점심이고, 열한 시경에 먹는 것이 이 날의 저녁이다. 그리고 이날은 그 집에 머문다. 다른 직원 마마두의 초대가 또 있어서 일찍 자리를 떴다.

축제 한 달 전부터 수도 다카르는 지방에서 몰려온 양, 즉 무통(mouton)들로 북새통을 이루었다. 약간의 공간만 있으면 양들이 차지했다. 양들의 신분도 각양각색이다. 뿔이 여러 번 잘 휘어지고 흰빛이 영롱하고 덩치가 크면 금장식을 하고 수백만 원을 호가한다. 희생되는 것은 모두 수컷이다. 못생기거나 암컷인 양만 남는다. 소위 못생긴 자의 행복이 이런 것이 아닐는지.

도시를 점령했던 무통들이 자취를 감춘 11월, 수도 다카르는 다시 고요한 열대의 아침을 맞이하고 있다.

첫 비(初雨)

"오늘은 왜 이렇게 늦었어요?"

"보시다시피 비가 내리잖아요. 이리저리 홍수를 피해 오느라 겨우겨우 도착했어요."

오늘은 올해 두 번째 비가 내렸다. 이틀 전에 첫 비가 내렸다. 일곱 달 만의 비였다. 작년부터 치면 거의 열 달 만의 비다. 저녁 때 천둥 번개가 치더니 이윽고 빗소리가 들렸다. 얼마나 기다리고 기다리던 소리였던가. 읽던 책을 옆으로 밀치고 창문을 열었다. 반 시간은 빗소리에 빠져들었다. 잿빛 하늘 끝자락에서 쏟아지는 가늘고 긴 빗줄기는 긴 생명의 물길이었다. 멀리서 온 님인 양, 벗인 양, 하염없이 바라보았다.

빗속을 걷고 싶었다. 비에 흠뻑 젖으면 어떠랴. 걸어서 20분 거리의 성당으로 향했다. 저녁 미사에는 사람들이 별로 없었다. 돌아오는 길 역시 비가 많이 내리고 있었다. 그러나 빗소리는 모차르트의 천상 음률 같았고, 비에 젖은 땅과 흙과 모래는 황톳빛 장미향을 내뿜고 있었다. 두텁고 짙은 흙냄새, 정겨운 고향 냄새였다. 비의 감촉은 오랜만에 고향을 찾은 친구의 손길처럼 부드럽고 따뜻하고 선선했다.

이곳에 와서 한 해가 지났지만 우산을 편 것은 그날이 처음이었다. 쏟아지는 폭우에도 우산을 쓴 사람은 거의 없었다. 일 년에 두어 차례 내리는 비 때문에 그들은 우산을 준비하지 않는다. 나도 지금까지는 그들처럼 비를 맞으며 살았다.

오늘은 출근하려는데 바로 비가 쏟아졌다. 큰비여서 그런지 길은 온통 물바다였다. 흙탕물이 온 시내를 휘감고 있었다. 가다가 돌아서서 다른 길로 우회하기를 대여섯 차례 하고서야 사무실 5백 미터 앞까지 접근했다. 그런데 더 큰 물바다가 길을 가로막았다. 하수 시설이 거의 없으니 작은 비에도 온통 모래와 돌, 쓰레기, 각종 축산 분비물과 오폐수가 혼합되어 지독한 악취를 내뿜고 있었다. 오물과 쓰레기가 뒤엉켜 있으니 감히 물속에 발을 담그고 건널 엄두가 나지 않았다. 잠시 출근을 포기할까도 생각했다. 오던 길을 되돌아서 다시 처음부터 먼 길을 돌아 겨우겨우 사무실에 도착했다. 두세 명의 직원만 출근해 있었다. 20분 걸리던 출근길은 한 시간 반이나 걸렸다. 나는 공직 생활을 40년 가까이 하면서 결근한 적이 없었다. 총각 시절 지독한 독감에 하루 쉰 적은 있었다. 출근은 나의 생활에 신앙 같은 존재였다. 그 정신이 아직 이 아프리카에서도 남아 있었던 것일까?

어려움과 장애가 있더라도 자주 비를 보고 듣고 만지고 싶다. 말없이 뜨거운 태양보다 살랑거리면서 신비한 미소를 흩날리며 내리는 비야, 하루걸러 내리면 어떠랴! 자주 내려다오. 이육사의 〈청포도〉처럼 두 손은 함빡 적셔도 좋으리. 아니 온몸을 듬뿍 적시면 어떠랴!

우리는 첫눈에 대한 기대와 소망이 많다. 첫눈 내리는 날의 약속과 만남이 그러하리라. 세네갈에선 유사 이래 눈 내린 적이 없으니, 내년엔 첫

비에 대한 기대와 소망을 가져 보면 어떨까!

우리 사무실의 여자 장학관들

생일 이야기

"존 듀우프! 회의실로 잠깐 오세요!"

"무슨 일이에요?"

"별일 아니에요. 와 보면 알아요."

비서인 마담 자이가 빨리 오라고 재촉한다. 존 듀우프는 나의 세네갈 이름이다.

회의실에 들어서자 전 직원이 모여 있었고, 케이크와 음료수와 선물이 준비되어 있었다. 이어서 '해피 버스데이' 축하 노래가 울려 퍼졌다. 뜻밖에 우리 유아교육국 직원 모두가 모여서 생일을 축하해준 것이다. 놀랍고 감격스러웠다. 이런 생일 행사를 가져본 적이 없었는데, 직원들의 아주 특별한 배려였다. 나는 선물 받은 전통 문양이 들어간 남방셔츠를 입고 케이크와 음료수를 나눴다.

나는 지금까지 모든 직원의 생일에 축하 카드를 쓰고 한국에서 준비해 간 아주 작은 선물인 기능성 치약으로 축하해주고 있었다.

나는 한국에서 학교 관리자로 근무할 때 선생님들의 생일에 관심을 갖고 있었다. 부임하면 우선 선생님들의 생일을 양력으로 파악한다. 작은 학교일 땐 쉬웠으나, 교직원이 백 명 가까이 되는 학교에 근무할 때는 여간 힘든 일이 아니었다. 우체국에 주기별로 가서 경조카드를 예매하다 보니 우체국 창구 직원과 친해지기도 했다. 물론 비용은 개인 부담이다. 처음에는 배우자에게도 보냈으나 조금 이상한 분위기가 감지되어, 나중에는 본인만 축하했다.

저녁때는 마마두 부부를 만나기로 했다. 그는 지난 12월 31일 38년의 교직을 마치고 정년퇴임했다. 초등학교 교장을 오래하다 장학관으로 교육부에서 일을 해왔었다. 성격이 너그럽고 상냥해서 나와 호흡이 잘 맞는 친구였다. 그런데 퇴임하는 날 너무나 썰렁했다. 아무런 의식도 행사도 없었다. 내가 점심을 대접한 것이 전부였다. 그의 말에 의하면 교육국장과 아주 간단한 퇴임 인사를 나누었다고 했다.

나는 그와 오래전부터 퇴임 축하 부부 초청 식사를 약속했었다. 150세파, 우리나라 돈으로 300원쯤 하는 초만원 버스를 타고 산다가에 도착했다. 30분쯤 기다리자 그가 나타났다. 부인과 함께 한국 식당 '아리랑'으로 갔다. 두 분에게는 고급 식단인 불고기 정식을 대접했다. 젓가락 사용법을 보여 주고 김치, 김, 멸치 등 한국 고유 반찬을 설명해 주었다. 이렇게나마 그의 퇴임을 축하해주게 되어서, 텅 빈 마음을 조금 메울 수 있었다.

그는 결혼하여 독립한 자녀는 한 명뿐이어서 퇴직 후의 생활에 대해서 몹시 걱정하고 있다. 3개월 정도 쉬다가 일자리를 찾아보겠다고 했다. 나도 한국의 사정을 설명하면서 한국에서도 퇴직 후 경비원 같은 일자리를 많이 한다고 설명했다. 부부는 전통 샌들을 나에게 생일 선물했다. 가죽 제품으로 튼튼해 보였다.

생일, 선진국에서는 '자기 축하일'로 개인 공휴일로 지정한 곳들도 있다. 알고 보면 생일은 축하받아야 할 날이지만, 참으로 불편하고 건너뛰고 싶은 날이기도 하다.

고레섬 박물관에서

바오밥 그 성(聖)스러움

"저 곳에서 차 좀 세우면 안 될까요?"

"왜 그러세요?"

"저 바오밥(baobab) 나무와 함께 사진 한 장 남기려고요."

나는 요즘 바오밥 나무에 매료되어 있다. 이곳에 와서 생텍쥐페리(Saint-Exupery)의 《어린왕자》를 다시 읽고 성인 동화의 뒷맛을 되새긴 이후다. 사막 위에 우뚝 솟은 바오밥 나무가 자꾸 떠오르기 때문이다.

그래서 얼마 전 바오밥 나무 화분을 사왔다. 화분인데도 뿌리와 줄기 부분이 엄청나게 크다. 처음에 한 송이었던 연분홍 꽃이 이제 두 개로 불어났다. 세 번째 봉우리가 두툼해졌다. 진달래 크기의 꽃은 아름답고 순결해 보이기까지 한다. 사진에서나 볼 수 있었던 바오밥 나무를 자주 볼 수 있으니 행복하다. 바오밥 나무는 아프리카 건조 지대와 케냐, 세네갈 등 열대 아프리카에서도 극히 일부 지역에서만 서식하는 희귀식물로, 수명이 5천 년에 달하는 것도 있다. 평균 높이는 20m, 줄기 둘레는 10m 정도에 달한다. 특히 석양과 어둠을 뒤로하고 열병식처럼 도열해 있는 모습은 사막을 지키는 성스러운 신들을 연상시킨다.

바오밥 나무는 물구나무서기를 한 것처럼 몸뚱이 부분이 과장되게 두껍고 가지와 잎들은 상대적으로 연약 빈곤하다. 신이 자꾸 하늘로 솟아오르려는 교만함에 화가 나서 나무를 전부 거꾸로 땅속에 처박았다는 전설이 있다. 그러나 비교적 급수가 잘 되고 있는 곳의 바오밥 나무는 일반 나무처럼 무성한 줄기와 잎을 뽐낸다. 그 열매는 어른 주먹만 하고 너무 무거워서 아래로 축 처져 있다. 제주도의 '하늘애기' 열매를 연상시킨다. 바오밥 나무 열매의 잼과 주스는 이곳 사람들이 즐겨 먹고 마신다. 텁텁하지만 달콤하다.

어린왕자에게 바오밥 나무는 환영받지 못하는 나무였다. 바오밥 나무는 늦게 손을 대면 영영 없애 버릴 수가 없게 된다. 뿌리로 별에 구멍을 뚫는 것이다. 별이 너무 작은데 바오밥 나무가 너무 많으면 별이 산산조각이 나 버리고 마는 것이다.

시인의 눈으로 모험과 위험을 바라본 생텍쥐페리는 목숨을 내건 위험한 모험이야말로 인간의 소명을 가장 숭고하게 실현하는 것이라고 찬양했다.

여우에게 어린 왕자는 되돌아왔고, 한 가지 비밀을 선물로 받았다.

"내 비밀을 알려줄게. 아주 간단한 거야. 마음으로 보아야만 잘 볼 수 있다는 것. 중요한 것은 눈에 보이지 않는다는 거야."

어린 왕자는 이 비밀을 잊지 않으려고 되뇌며, 다시 길을 떠났다.

우리는 눈에 보이고 손으로 느낄 수 있는 것만이 진실이라고 착각한다. 그러나 참과 진실은 눈에 쉽게 띠지 않는 것이 많다. 이제부터라도 편견을 지우고, 마음으로 세상을 읽고 보도록 하자.

다카르의 안마리스트 수목원에서

탈리베에게 희망을

"안녕하세요? 너무 미인이시네요."

"감사합니다. 어서 오세요."

오늘은 KOICA 봉사단원들과 함께 탈리베(Talibés) 센터를 방문했다. 우리를 마중 나온 그곳 선생님은 키가 큰 금발머리의 예쁜 선생님이었다. 이렇게 누추한 시설에서 헌신적인 봉사활동을 하고 있기에는 어울리지 않아 보였다. 얘기를 나눠 보니, 그녀는 미국 미네소타 출신의 20대 아가씨로 벌써 2년째 이곳에서 봉사활동을 하고 있다고 했다.

우리는 네 개 팀으로 나누어 활동을 시작했다. 상처 치료, 페이스 페인팅, 풍선 만들기, 간식 만들기 등이었다. 탈리베 센터에는 25명 정도의 아이들이 모여 있었다. 십여 평의 작은 시설에 농구대가 딸린 십여 평의 모래 운동장이 전부였다. 나는 풍선 만들기와 상처 치료를 돕기로 했다. 풍선은 자격증을 갖고 있는 최 선생이 맡았고, 상처 치료는 쥬르벨에서 오신 이 선생님이 담당했다. 또 페이스 페인팅은 김 선생님이, 까올락에서 온 요리사 이 선생님은 음식 담당이다.

세네갈 시내에서 일상적으로 접하는 기이한 모습 중의 하나는, 작은 통을 들고 당당한 표정으로 구걸하는 남자 아이들을 쉽게 자주 만날 수 있다는 것이다. 이들은 거리의 아이들을 포함하여 3세에서 14세까지 생활 여건이 좋지 않은 아이들로, 요즘에는 주변 국가의 이민 아이들도 많이 포함되고 있다고 한다.

탈리베를 관리 교육하는 계층은 마라부(marabout)라고 한다. 탈리베는 마라부들에게 코란 교육과 이와 병행하여 공동생활의 기초 규범, 겸허 습득, 금욕 생활, 모든 종류의 인내력 교육을 받도록 맡겨진 소년들로, 마라부는 그 교육의 대가로 재물이나 수업료 및 가사 같은 노동력을 제공받게 된다.

공동생활을 하는 탈리베들의 처소에는 물, 전기 및 위생 시설이 없는 곳이 많고, 따라서 이들은 모기, 이, 빈대, 바퀴벌레, 쥐들에 쉽게 노출되어 생활하고 있다. 구걸에 용이하도록 맨발로 다니는 아이들이 많고, 목욕, 세탁 같은 것도 제때에 하기는 무척 어렵다.

그래서 DA 미국국제학교 교사들이 탈리베 센터를 운영하고 있다. 그들은 탈리베 아이들의 옷도 세탁해 주고, 샤워 시설도 제공하고, 아침과 점심을 제공하고, 요일별로 프로그램도 만들어 운영한다.

탈리베 아이들은 가정을 떠나 극한적인 생활을 하기 때문에 자기들끼리는 잘 어울리지만 낯선 사람과는 잘 어울리지 못하는 것 같았다. 경계의 대상처럼 보였던 우리들도 차츰 친해져서 함께 어깨동무를 하고 여러 프로그램에 참여하게 되었다.

모든 아이들은 크고 작은 상처를 갖고 있었다. 우리의 치료라고 해도 외용 연고를 발라 주고 반창고를 붙여 주는 정도에 불과했지만, 아마도 사회에서 받은 마음의 상처도 조금은 치료되었을 것이라는 생각도 들었다. 어떤 아이는 전신이 부스럼으로 가득 차 있었다. 그러나 눈망울은 맑게 빛나고 있었고, 조용히 짓는 미소는 세상을 빨아들일 듯싶었다.

탈리베 출신의 훌륭한 교육자나 정치가나 재력가도 많을 것이다. 그러나 우리의 관심과 도움이 더해지면, 그들은 쉽고 빠르게, 멋지고 아름다운 청년, 유능한 지도자로 태어나지 않을까 하는 아쉬움이 맴돌았다.

탈리베 봉사활동

까프린 가는 길

까프린(Kaffrine), 이름이 너무 아름답다. 오늘은 까프린으로 출장을 간다. 세네갈 중앙 땅콩 분지의 중심부에 위치한 작고 아름다운 도시다. 아침 7시 반 택시를 타고 뻬긴 가라지로 갔다. 수도 다카르와 전국 교통망이 연결되는 종합 버스터미널 같은 곳이다. 이곳에서 사용하는 차량은 셋플러스(Sept-plus)라는 차다. 운전기사를 제외하고 7명의 승객이 타면 출발한다. 거의 두 시간을 기다려 손님이 차자 출발했다. 나는 일찍 와서 맨 앞자리 조수석을 차지했다. 위험하지만 이 자리가 가장 편한 자리다. 까프린까지는 6시간 정도 걸린다. 그런데 이 차량은 대개 푸조 차다. 오래전에 프랑스나 유럽에서 사용하던 차량을 이곳에 도입하여 사용하는 것으로, 대부분 몇 차례 폐차를 했어야 할 정도의 험악한 상태로 운행되고 있다. 우리 차는 어린아이 두 명을 포함하여 모두 10명이다. 중간에 휴식할 장소도 없고 화장실 갈 여유도 없다.

오후 4시경 도착해서 호텔로 갔다. 호텔은 방갈로식이다. 방 안엔 모기장이 있고 변기는 깨져 있고 프런트와의 전화선도 없다. 비용은 꽤 비싼데, 최소한의 숙소였다. 저녁이 가까워 오자 온갖 벌레들이 문틈으로 기어들어 왔다. 십여 마리 이상을 잡고 모기장을 치고 잠이 들었다. 그런데 둘째 날은 전기도 안 들어왔고 무더위 속에 모기에 많이 물렸다.

이튿날 교육청에서 교육장과 장학사들을 만나 방문 목적과 현황을 알아보고, 내 친구이기도 한 마마두와 함께 유치원을 방문했다. 처음 방문한 가톨릭 재단 유치원은 이태리 출신 수녀님이 원장으로 일하고 계셨다. 비교적 시설 운영과 자료 활용이 잘되고 있었다. 또 다른 공립유치원은 원주민 주택 형태의 건물인데, 교실이 한 칸밖에 없다. 한 교실을 세 개의 공간으로 나누어 3개 학년이 한 교실에서 수업하고 있었다. 자료도 공간도 교수 방법도 교육 과정도 많은 도움이 필요했다.

떠나는 날 아침이다. 우선 인근의 큰 도시인 까올락까지 갔다. 차의 운전석엔 모든 전선이 그냥 드러나 있고, 심지어 두 전선을 이어 붙여 시동하고 출발했다. 모든 문은 끈으로 이어서 당겨서 열고 닫는다. 그냥 운명에 맡기기로 했다. 외관과 달리 순조롭게 까올락에 도착했다.

그런데 다카르까지 가는 차들은 진입하면 벌써 사람들이 이미 좋은 자리를 다 차지하고 있었다. 너무 고통스러운 마지막 열 좌석밖에 없다. 결국 나도 뒷돈을 주고 편한 조수석을 얻어 탔다. 출발은 순조로웠으나 두 시간쯤 가다 갑자기 멈췄다. 엔진에 물을 쏟아붓고 냉각수를 보충해서 출발했다. 20분쯤 가다 다시 멈춘다. 냉각수를 채우고 다시 떠난다. 여러 차례 이런 일을 반복하다 결국은 음브로라는 곳에서 다른 차로 갈아타고 다카르에 도착했다.

까프린에 사는 사람과 아이들도 너무도 사랑스럽고 행복해 보인다. 그러나 아직도 한 끼밖에 먹지 못하는 사람들이 많고 변변한 일자리가 없으니 나무 그늘에서 떠오르고 지는 해를 지켜보면서 하루를 보내는 젊은이들이 넘쳐나는 현실에 너무 가슴 아픈 곳이기도 하다.

유치원 선생님들과 함께

거대 먼지

"먼지 때문에 숨을 쉬지 못하겠어요. 이곳의 날씨는 항상 이런가요?"

"아니요. 유독 12월 1, 2월엔 모래바람이 심하게 불어서 외출하기가 힘들어요. 그러나 적응하면서 살아가야지요."

몇 달 전에 새로 부임한 김 자문관은 만날 때마다 쉬지 않고 질문한다. 하기는 아프리카라는 곳이 한국과는 너무 다르기 때문에 매일매일의 삶이 녹록지 않고, 또 여러 가지 대비를 해야 하기 때문에 걱정이 많을 것이다. 그는 서울 삼성병원 설립 팀장으로 삼성병원을 건립한 의료보건 분야의 권위자다.

오늘 역시 바람이 심하게 불고 또 날씨도 꽤 쌀쌀하다. 첫해엔 두 달 정도 전기장판을 사용했었다. 아프리카에서 웬 전기장판인가 하고 나도 생각했었다. 그러나 보급품 중에 전기장판이 있었고 그게 유용하게 사용될 줄은 꿈에도 몰랐다. 온난화의 영향 때문인지 올해는 2월 중순까지 춥지 않아서 장판을 사용하지 않았다. 그런데 지난주부터 갑자기 추워져 벌써 일주일째 사용 중이다.

김 자문관은 계속 묻는다. 왜 이렇게 모래가 많고 또 모래 먼지가 계속 바람에 날리느냐고. 세네갈엔 산이 없다. 기본적으로 전국이 모래다. 물론 흙도 있겠지만 보이는 것은 모두 모래이고 이 모래 알갱이는 밀가루처럼 아주 미세하다. 요즘 건축 경기가 좋아져서인지 골목골목마다 몇 집 건너 모래와 자갈 더미가 쌓여 있다. 그러니 바람이 조금만 불어도 그 모래가 이리저리 흩어지고, 하늘로 치솟아 모래바람이 정신 못 차리게 공격한다.

외출했다 돌아오면 신발, 옷, 머리 모두가 모래 더미 위에서 놀다 온 듯 모래투성이다. 처음엔 식사 때마다 입안이 사각거려 살펴보니 입안에 모래 먼지가 쌓여 씹히는 것을 알게 되었다. 밥도 모래가 너무 씹혀, 쌀을 채로 쳐 보니 엄청난 모래가 섞여 있었다. 이곳 사람들에게는 별 문제가 안 되는 모래 밥이었다.

수도 다카르에는 차량이 많다. 서부 아프리카의 중심 도시이고 또 유엔 및 NGO 기관들이 많이 입주해 있다. 그러다 보니 아주 오래된 차량들이 많은 문제가 된다. 차들은 한국에서라면 서너 차례 폐차를 해야 할 심각한 차량들이 너무 많다. 택시를 타면 가다 멈추어 고쳐서 가야 하는 경우를 자주 경험한다. 특히 버스는 매연의 정도가 상상을 초월한다. 수많은 굴뚝들이 함께 뭉쳐 줄지어 지나가는 것 같다.

우리 사무소에서도 이런 최악의 환경 때문에 마스크를 지급한다. 그러나 나는 사용해본 적이 없다. 왜냐하면 이곳 사람들은 이 모래바람의 거대 먼지나 굴뚝 같은 매연 속에서 장사도 하고 구걸도 하고 등교도 하기 때문이다. 나 혼자만 이방인이 되어 차마 마스크를 쓰고 출퇴근이나 외출을 할 수는 없는 것이다. 한국처럼 미세먼지 경보에 거의 미라 수준으로 포장하여 외출하는 사람들을 여기서는 한 사람도 볼 수 없다.

가끔씩 모래바람과 매연이 너무 심한 날에는 오늘을 꼭 마스크를 쓰고 출근해야지 했다가도 결국 그냥 거리로 나선다. 거대 먼지와 굴뚝 같은 매연과 벗하며 지내는 것도 이곳의 생존 방식이라고 위안하면서.

인근 유치원에서

친절한 제주공항

나는 KOICA의 아프리카 세네갈의 교육 정책 자문관으로 임용되어 파견 근무를 하는 기쁨을 얻었다. 2014년 2월, 38년의 중등 교직 생활을 마감하고 4개월의 준비와 연수를 거쳐 제2의 삶, 즉 인생 이모작을 시작하였다.

2주의 준비 기간을 거쳐서 짐을 꾸려 제주공항에 도착했다. 짐이 20킬로그램 초과되었다. 그러나 아프리카로 봉사활동을 떠난다는 말에 예쁜 공항 여직원은 다음부터는 무게를 잘 지켜야 한다고 하면서 통과시켜 주었다.

아들딸이 사는 서울에 도착하여 이틀을 머물렀다. 나는 인천공항 출발을 7월 22일로 생각하고 있있다. 그런데 일정표를 자세히 보니 21일이었다. 항상 허겁지겁 잘 확인하지 않는 내 평소의 모습이 그대로 드러난 것이었다. 어쨌든 빨리 알게 되어 하루 먼저 출발 준비를 했다. 다행히 하나투어 여행사에서 문자 메시지도 왔다.

공항에는 아들 동근이가 함께 갔다. 짐이 4개나 되어서 도우미가 필요했는데 아들이 같이 가주니 한결 편해졌다. 4개의 가방은 KOICA에서 보내준 이민가방, 내가 즐겨 갖고 다니는 여행가방, 노트북과 KOICA 배낭이다. 네 개를 모두 혼자 들고 이동하기는 무겁고 어려웠다.

공항에서 결국 소동이 벌어졌다. 짐 점검을 해보니 10킬로그램이 초과되었다. 비즈니스 클래스여서 50킬로그램까지 가능한데, 60킬로그램이 되었다. 낭패였다. 아랍에미레이트 항공사는 10킬로그램이 초과됐으니, 1킬로그램에 5만 원씩 5십만 원을 추가로 내라고 한다. 짐 점검을 철저히 하지 않은 또 나의 실수였다. 아들과 함께 짐을 풀고 책보자기를 꺼내서 부식들을 모아 별도의 짐을 만들었다. 수하물 칸에서 통과시켜 주지 않으면 아들에게 줄 생각이었다. 결국 보낼 수 있었고, 책들은 손에 들고 통관했다. 세관원에게 다시 점검을 받았는데 쌈장은 압수당했다. 그러나 내가 필요한 서류, 책 등 모든 것을 갖고 탈 수 있게 되어 무척 다행이었다.

사실 세네갈은 나에게 너무도 생소한 나라다. 지금까지의 나의 지식은 단지 서아프리카에 있고 우리나라와 축구 경기를 벌인 적이 있는 축구 강국이라는 것뿐이었다. 그래서 이번 기회에 세네갈에 대한 공부를 많이 하게 되었다. 대강의 내용은 다음과 같다.

마음속에 이 아프리카의 최빈국을 그려 보면서, 백지 위에 내 꿈을 채워 본다. 그리고 작지만 뜻있는 족적을 남기고 오겠다고 결심해 본다.

유숙소

인천에서 두바이까지 9시간의 비행, 공항에서 3시간 대기, 그리고 다시 9시간의 비행 끝에 세네갈 다카르의 생고르 공항에 도착했다. 도착하면 어떻게 될 것인지 몹시 걱정이 되었다. 공항에 누가 나올까 또 호텔은 어떻게 구해 찾아갈까 등 머리가 복잡했다. 그런데 공항에 도착하니 KOICA 사무실에서 관리요원 선생님이 관용차량을 갖고 나와 있었다. 관리요원 하유선 선생님과 현지 직원 Jean Seck이 반갑게 맞아 주었다. 하유선 선생은 KOICA 봉사단원으로 2년간 일했고, 귀국하여 수학교사로 일하다 관리요원으로 다시 해외에 나와 일하고 있었다. 따뜻한 인상에 친절하고 배려심이 깊어 보였다.

우선 짐을 KOICA 단원들이 임시로 묵는 유숙소인 다세대형 3층 주택으로 가서 놓아 두었다. 원래 UN 부속기관이 사용하던 숙소를 KOICA에서 인수하여 사용하고 있었다. 이 숙소는 새로 온 단원들 또는 귀국하는 단원들 혹은 수도 다카르에 출장 온 단원들이 임시 숙소로 사용하는 거처다. 들어서니 단원들이 대여섯 명 눈에 띄었다. 1층 로비에서 이득규 시니어 선생님과 일반 단원 4명과 인사를 나누었다.

나의 임시 거처는 방에 욕실에 딸려 있는 서너 평 정도의 큰 방이었다. 2층 침대가 2개, 즉 4명이 함께 거주할 수 있는 공간인데 단원 한 명이 거주하고 있었다. 취사 시설은 보이지 않았다. 나중에 자세히 살펴보니 1층에 공동 취사장이 있었다.

관리요원과 함께 시내로 갔다. 우선 'Casino'라고 하는 대형 마트로 갔다. 한국의 이마트나 홈플러스와 비슷했다. 단지 규모가 작고 물건은 제한적이었다. 사람은 별로 없고 한산했다. 길쭉한 감자가 인상적이었다. 마트 구경을 마치고 한인 식당으로 갔다. 'La Corée'라는 식당으로 한국인 부부는 무척 인상이 좋았다. 남편은 키가 190센티미터는 되어 보였고 부인은 순하고 친절해 보였다.

능성어 생선회와 두부찌개를 시켰다. 식사 중에 송기정 KOICA 소장님이 잠깐 들렀다. 김준형 대사관 행정원도 함께 왔다. 소장님은 내일부터 휴가로 캐나다에 있는 딸을 만나러 가야 하는데 시간을 내서 잠깐 들렀다. 소장님은 50대 초반이었고 친절하고 배려심이 깊었다.

생선회는 서비스 안주가 전혀 없이 생선포와 약간의 상추, 양배추 샐러드가 전부였다. 맥주 맛도 시원하고 깊었다. 두부찌개는 구수하고 매콤하여 제대로 우리 맛을 내고 있었다.

나오다가 한국인들이 식사하는 방을 건너오게 되었다. 비행기를 함께 탔던 삼성전자 이길호 직원 일행이었다. 그중에는 역시 함께 탔던 루치아 자매도 있었다. 프란치스카라고 하는 그녀는 딸이 삼성전자 현지 직원이었다. 직원 일고여덟 명이 함께 식사하고 있었다.

거의 하루인 23시간을 비행기에서 보내야 해서 루치아 자매와 얘기를 많이 나누었었다. 가족은 현대에서 퇴임한 남편과 삼성에 다니는 아들과 딸이 있다고 했다. 딸이 세네갈에서 근무 중이기 때문에 보러 온 것이다. 그런데 며칠 전 시내에서 오토바이를 탄 흑인 2명이 걷고 있는 그녀의 딸 가방을 낚아챘다. 그 과정에서 딸이 쓰러지고 찰과상을 좀 심하게 입었다고 했다. 한국에서 연고제 사오는 것을 잊었다고 하는 어머니의 따뜻한 마음이 가슴에 남는다.

40도

KOICA에서 올 때 비즈니스석을 제공해 주어서 여행의 피로와 시차는 별로 심하게 느끼지 못하겠다. 새벽 5시다. 닭 우는 소리가 한국과 같다. 그들은 전 세계 공통어를 지니고 있는 듯하다. 그러니 그들은 외국어 공부를 따로 하지 않아도 될 것 같아 무척 부럽다. 조금 애처롭고 처량한 느낌이다. 이어서 낭랑한 새소리가 들린다. 오랜만에, 거의 40년 만에 모기장 안에서 일어났다. 사실 어젯밤에 누워 있었으나 잠은 거의 이루지 못했다. 밤이 한국에서 낮이기 때문이다. 한국에서 가져온 모기 방제용 매트를 켜고 선풍기를 켜고 모기장 안에서 잠을 청했으나, 더위는 참기 힘들었다. 거의 40도에 가까웠다.

아침엔 식사 준비가 안 돼서 그냥 물만 마셨다. 그냥 수돗물을 들이켰다. 위장을 시험해 보는 기회가 되고, 또 괜찮으리라는 믿음이 있었다. 아직까지 별 탈이 없다.

오전 9시 반 KOICA에서 Jean과 하 관리 선생님이 왔다. 한국 대사관을 방문했다. 신종원 대사님과 관계관들을 만나고, 세네갈의 교육 관련 현황을 들었다. 나는 앞으로의 나의 유아교육 관련 업무 추진 계획을 말씀드렸다. 신 대사님의 모습은 아주 온화하고 깔끔해 보였다. 또 교육에 대한 식견이 깊어 보였다. 냉수를 한 잔 얻어 마시고 기념 촬영을 했다.

시내에 있는 KOICA 사무실을 방문했다. 자문단 담당인 김형철 관리 선생님으로부터 자문단 복무 규정에 대한 설명이 있었다. 그리고 일반적인 봉사활동 내용과 다카르에 대한 설명을 들었다.

최근에 부임한 유종화 부소장과 함께 점심을 하기 위해 시내로 갔다. 3천 세파에 소고기, 생선, 야채, 빵들이 제공되는 좋은 메뉴였다. 흑인 남자들이 서빙을 했다. 돌아오니, KOICA 사무실에는 김유나 단원이 기다리고 있었다. 그는 다카르에서 유아교육을 담당하고 있다. 그녀가 나를 위해 오늘 시내 투어 봉사를 하게 되었다. 그녀는 내가 근무할 세네갈 교육부 유아교육국에 근무하고 있다. 앞으로 나에게 많은 도움을 줄 단원이다.

대형마트인 Casino로 갔다. 빵과 치즈, 요구르트 등을 구입했다. 우선 간단하게 요기할 수 있는 음식이 필요하기 때문이다. Jean Seck의 도움으로 핸드폰을 구입하기로 했다. 통신회사 'Orange'의 유심 칩을 먼저 샀다. 이곳의 통신회사는 'Orange, Tigo, Kirene, Esperso' 등이 있다. 이어서 핸드폰을 구입해야 한다. 삼성 제품으로 가장 싼 것으로 샀다. 통화 기능만 있으면 된다. 1만 세파를 지불했다. 우리 돈으로 2만 원 정도다.

시내에서 Orange 충전 카드를 5천 세파 어치 구입했다. 거리에는 전화 카드를 파는 청년들이 수없이 많이 보인다. 차창까지 와서 안으로 카드를 내밀고 사라고 성화다. 이곳의 실업은 심각하다. 젊은이들이 일할 곳이 없다. 그러니 카드 파는 일, 운동화 파는 일, 옷 파는 일등을 주로 한다. 그것도 양손에 몇 켤레씩, 또 몇 벌씩 들고 다니면서 호객한다.

카드는 판촉 기간이어서 1만 5천 세파가 적립되었다. 신규 보너스가 5천 세파 제공되고, 100% 프로모션하면 만 세파, 즉 두 배가 적립된다. 석 달은 쓸 수 있다고 한다. 재래시장에서 망고 2kg, 일본 쌀 2kg, 양파 1kg 등을 구입했다. 그러나 취사는 아마 숙소가 마련된 다음에야 가능할 것이다.

저녁때 일찍 유숙소로 돌아와 잠자리에 들었다. 한 방을 쓰던 봉사단원은 오늘 귀국했다. 그러니 방이 텅 비었다. 모기장 1개는 1층으로 반납했다. 비누, 화장지가 없다. 짐을 풀어 찾아 비치했다.

오늘은 유나 선생 덕택에 많은 것을 배우고 경험했다. 유나 선생은 아주 친절하고 싹싹하다. 부산 출신으로 서울 유치원에 있다가 이곳에 온 지 1년이 되었다. 교육부 유아교육국에서 근무를 하는데 2학기에 유치원으로 나가 교육을 하게 된다고 한다. 나도 그녀가 근무하는 곳에서 함께 근무하게 되지 않을까 생각되었다. 그녀로부터 배운 게 많았다. 기독교인이고 말이 고분고분하고 표준적이다. 내일은 숙소 탐방을 해야 한다. 잘 됐으면 좋겠다.

새집 탐색

김형철 관리 선생님 또 장 안토니오와 함께 주택 물색에 나섰다. 우선 정부 임대 주택이 한 채 있다고 해서 가봤다. 4층의 긴 아파트형 주택이다. 2층으로 들어서니 관리인으로 보이는 사람이 앉아 있다.

세네갈 다카르에는 정부에서 봉사단원이나 공무원들을 위한 주택을 임대해서 제공한다. 한국 봉사단원을 위한 임대 주택이 몇 채 있다. 그런데 이 주택 안을 살펴보니 폐가나 다름없었다. 전에 일반 단원이 사용했다고 했는데 장기간 방치되어 있었다. 온갖 쓰레기와 널려 있는 중고 가구들, 워낙 음침한 화장실과 방 등 모든 것을 리모델링하든지 대규모 수리를 해야 할 상황이었다.

그런데 사무실과는 가깝다고 했다. 앞쪽에 나무와 넓은 공터가 있어서 새로 고치면 살 수 있을 것 같기도 했다. 정부 주택은 정부에서 임대료를 지급하기 때문에 무상으로 제공된다. 한국에서는 리모델링도 빠르게 진행되지만 이곳은 워낙 느려서 몇 달이 걸릴 수도 있다고 한다. 거실과 두 개의 방이 있었는데 탁 트인 전원풍의 구조는 좋아 보였다.

다른 곳으로 갔다. 현재 봉사단원 황영희 단원이 살고 있는 집인데, 곧 귀국을 하게 된다고 한다. 원룸형이다. 너무 좁고 답답했다. 임대료는

월 17만 세파 정도라고 한다. 우리 돈으로 35만 원 정도 된다. 마지막으로 김유나 단원이 살고 있는 아파트다. 유나 선생의 숙고 바로 옆방으로 전에 살던 임대인이 떠났고 그의 친구들이 임대 기간이 남아서 살고 있었다. 지은 지는 1년 되었다고 했다. 관리를 잘 못해서 변기들이 깨어져 있고, 좀 지저분하다. 가격은 2십만 세파다. 4십만 원 정도다. 이사 온다면 수리를 해준다고 한다.

그곳으로 정했다. 나는 성격이 꼼꼼한 편이 아니고, 마음에 어느 정도 들면 그대로 정해 버리는 성격이다. 한국과 비슷한 수준의 임대료다. 그런데 계약할 때는 중개업자에게 2십만 세파, 보증금 2십만 세파, 임대료 2십만 세파 해서 6십만 세파를 지불해야 한다. 첫 달에 120만 원 정도를 지급해야 한다. 가구와 집기류는 황영희 선생이 귀국한다고 하니 일괄 인수하려고 한다. 냉장고 등 필요한 가구, 가전, 그릇 등이 필요할 것 같다.

오후에는 KOICA 사무실에서 정종량 자문관으로부터 자문관 실무 연수를 2시간 정도 받았다. 그는 나보다 8개월 정도 먼저 오신 자문관으로 어느 정도 사무와 업무를 잘 파악하고 있었다. 전직 서울시 사무관으로 국제 회의, 국제 교류 등의 관련 업무를 오랫동안 추진해온 전문가이고, 현재는 Good Governance 부처에서 정부 조직 개편 업무 등을 추진하고 있다고 했다. 그의 말에 의하면 그 부처의 장관은 7월 6일 임명되었는데, 일주일이 지나서야 취임식을 하고, 취임식 후에는 20일이 넘었는데 아직도 사무실에 출근도 하고 있지 않다고 한다. 좀 이상하다. 장관은 41세이고 14살까지 코란학교 교육을 받고, 1년 만에 초등학교를 마치고, 그 후

대학까지 졸업했다. 은행에서 7년간 근무하다, 대통령의 측근인지 신설 부처 장관으로 임명되었다. 모든 게 워낙 생소하다.

정 자문관은 모든 일에 열심이고 열정적인 분으로 보였다. 그러나 너무 많은 일을 하고 있어 보였고, 부소장이 옆에 있어서 그런지 자기 자랑을 끊임없이 늘어놓았다. 무슨 연수가 이런지 좀 의아했다. 어쨌든 배우는 것은 많았다. 운동을 많이 하라고 주문한다. 그는 주말마다 4시간씩 뛰고 걷기를 한다고 했다. 건강관리에 철저해 보였다.

일찍 유숙소에 들어 왔으나 아직 짐도 안 푼 상태이고 딱히 할 일도 없었다. 그냥 오랜만에 빈둥댔다. 묵고 있었던 단원들은 대부분 돌아갔고, 태권도 단원 4명이 들어와 있었다. 저녁때 처음으로 한국에서 가져온 블랙신라면을 끓여 먹고, 과일의 여왕 망고도 한 개 먹었다. 오늘은 좀 선선하다. 비라도 한 줄기 쏴 내렸으면 좋겠다.

세네갈 유아교육청

오늘은 10시 30분에 출발하여 KOICA 사무실로 갔다. 하유선 관리 선생님과 함께 국제협력기구(DAT) 세네갈 소장을 만났다. 세네갈에 있는 모든 국제원조기구를 총괄하는 기관이다. 소장이 나를 만나고 싶어 한다고 했다. 공식 직함은 'Administateur Civil Directeur'이고 이름은 'Papa Birama Thiam'이다. 그는 영어가 유창했다. 나는 내가 이곳에서 하게 될 유아교육 정책 자문에 대한 포괄적인 계획을 얘기했다. 여자 부소장도 합석하여 의견을 개진했다. 건물 일부를 빌려 쓰고 있었는데 계단마다 여러 종류의 농기구들이 널려 있었다.

나는 국제협력기구 세네갈 소장과의 짧은 만남을 통해서 개발원조에 대한 접근 방식의 중요성을 인식하게 되었다.우리가 일반적으로 사용하고 있는 '개발원조'를 경제협력개발기구(OECD)의 개발원조위원회(개발원조위원회)에서는 '공적개발원조(Official Development Assistance)'로 통일하여 사용한다.

개발원조위원회는 공적개발원조의 개념을 중앙 및 지방 정부를 포함한 공공기관이나 이를 집행하는 기관이 개도국 및 국제기구에 제공한 자금의 흐름(Resource Flows)을 의미하며, 각각 다음의 조건을 충족하여야 한다. 중앙 정부와 지방 정부를 포함한 공공 부문 또는 그 실시 기관에 의해 개발도상국, 국제기구 또는 개발 NGO에 공여될 것, 개발도상국의 경제 개발 및 복지 증진에 기여하는 것 주목적일 것, 차관일 경우, 양허성이 있는(concessional) 재원이어야 하며 증여율(Grant Element)이 25% 이상이어야 할 것 등이다.

점심은 한인식당 아리랑에서 함께했다. 나는 해물탕을, 하 관리 선생은 볶음밥을 먹었는데, 합해서 만 세파 정도 했다. 우리 돈으로 2만 원 정도다.

오후에는 다시 사무실로 가서 안전과 적응 교육을 받았다. 급료도 지급받았다. KOICA에서는 급료라고 하지 않고 생활비라고 한다. 봉사단원들이 실비로 필요한 생활비를 지급한다는 개념일 것이다. 아프리카이고 또 서아프리카 세네갈이어서 특별한 사한, 특별한 환경에 따른 안전과 예방 교육이 꼭 필요하다. 특히 교통, 치한, 말라리아 등 질병, 대인 관계, 주택 관리 등 유의해야 할 점이 한두 가지가 아니다. 생활비는 누런 봉투에 들어 있는데 상당한 두께다. 어떻게 갖고 가나 걱정했는데 집 이사 후에 가져가라며 KOICA에서 그동안 보관하겠다고 했다. 안심이 되었다. 7월 며칠과 8월과 9월 생활비다. KOICA에서는 생활비를 분기별로 지급한다.

오후 3시에 근무할 교육부 유아교육국을 찾았다. 국장(Directeur)인 Ousmane Diouf와 인사했다. 서글서글하고 미남형인데다 온화한 인상을 지니고 있었다. 좀 어둡고 무더운 사무실에서 고생이 많아 보였다.

추진 업무에 대한 의견 교환이 있었다. 나는 우선 현재의 세네갈 유아

교육 현황을 정확히 파악하고, 미래 지향적인 유아 교육 프로그램을 개발하는 데 중점을 두겠다는 내용을 전달했다.

국장은 최초 임기인 1년은 너무 짧아 별 도움이 되지 못할 것 같다고 했다. 나는 3년까지는 연장 근무가 가능하다는 말을 했다. 8층 건물로 그 중에서 3층(이곳에서는 2층)을 빌려 쓰고 있는데 8층 건물이다 뿐이지 너무도 허술하고 부실해 보였다. 모든 직원들과 잠깐씩 인사를 나누었다.

돌아오는 길에 종합 쇼핑가인 Sea Plaza에 들러 장을 보았다. 요구르트, 빵, 수세미, 세제 등을 구입했다.

저녁때 집에 돌아와 황영희 선생과 통화했다. 그녀는 부산의 초등학교 교사로 근무하다 KOICA 봉사단원이 되었다. 그런데 기본 근무 기간이 2년인데, 건강이 너무 안 좋아서 1년 근무하고 귀국한다고 한다. 그녀가 쓰던 살림살이를 내가 인수하기로 했다. 나는 가능한 모든 것을 인수하고, 돈은 그녀가 원하는 대로 모두 지불하겠다고 했다. 그녀는 35만 프랑(우리 돈 7십만 원 정도)을 요구했다. 나는 동의했다. 어떤 것들이 있고, 물건들의 가격은 어떻게 되는지 모르지만 믿고 사기로 했다.

유숙소에 두 단원이 와 있었다. 컴퓨터 권덕용 단원, 요리 김누리 단원이다. 양고기를 사와서 요리를 했는데, 소스는 맛있었으나 고기는 너무 질겨서 전혀 먹을 수가 없었다.

오늘도 피곤하고 빈틈없는 하루가 지났다. 그러나 적응 연수를 무사히 마쳤다. 다음 주에는 이사를 하고 짐 정리도 하고 8월 4일부터 출근하면 된다.

교육부 장관과 업무 협의를 마치고

청장 집에서의 라마단

오늘은 라마단이 끝나는 날이다. 그래서 이곳에서는 명절로 지낸다. 청장 우스마네 디우프(Ousmane Diouf)가 집으로 초대했다. 안마리스트 스끼자까지 2천 세파를 지불했다. 그는 딸 셋과 아들이 하나 있다. 가족 구성원은 다음과 같다. 그의 부인 Khady Faye(1월 1일생), Maye Diouf(6월 7일생), Fatoy Diouf(11월 16일생), Mouhamed Diouf(10월 27일생), Thioro Diouf(5월 10일생), Ousmane Diuof(7월 30일생) 등 여섯 식구다. 아마 전 식구의 생일에 관심을 갖고 챙겨야 할는지 모르겠다.

축제 때는 보통 1시경에 아침 식사를 하고 오후 6시경에 점심, 그리고 저녁 11시경에 저녁 식사를 하는 게 보통이다. 1시에 아침 식사가 나왔다. 양고기와 양파 등을 함께 볶은 것을 바게트와 함께 먹는 것이 아침이다. 약간 짠맛이지만 맛있다. 우리 입맛에 잘 맞는다. 요구르트와 차가 나왔다. 이곳 차는 거의 설탕 덩어리라고 할 만큼 몹시 달다. 이 기회에 유나 선생과 함께 사무실 분위기 이야기도 나누고, Diouf와 함께 업무에 대한 이야기도 나누었다.

이 집도 정부 임대 주택으로 방 둘, 거실, 부엌 등이 있었다. 비좁고 더웠으나, 아주 가족적인 분위기였다. 유나 선생은 OJT 기간 중에 이 집에 일주일간 살았다고 했다. 그래서 가족과 아주 가깝게 알고 지내고 있었다.

OJT는 봉사단원이 자기가 근무할 사업소 소장 집에서 일주일간 머물면서 현장 경험, 사업 정보 파악, 친교, 언어 교육 등을 받는 기간을 말한다. 물론 자문단에게는 그런 기회가 없다. 뒤로 두 딸은 고등학생, 그리고 아들이 초등학교 1학년이고, 막내는 1년 반 된 딸이다. 아이들은 모두 예의를 잘 갖추어 손님을 맞이했다.

세네갈은 이슬람교가 절대적 다수 종교인 관계로 이슬람교의 주요 종파 지도자들이 세네갈 실제 국내 정치에 막강한 영향력을 행사하고 있으나, 세네갈은 종교의 자유와 정교분리가 헌법으로 보장된 국가로, 종교 간 종파 간 분쟁이 거의 존재하지 않는다.

이처럼 다종교가 공존하고 있는 세네갈에서는 주요 명절 역시 종교적 전통을 따른다. 인구의 대다수가 이슬람교인 만큼 이슬람 국가에서 주로 지키는 이슬람 명절과 가톨릭의 휴일 모두 통상적인 휴일로 지정되어 있다. 우선 우리나라의 한가위나 구정과 같은 최대의 명절로는 이슬람 명질인 코리떼(La Korite)와 따바스끼(La Tabaski)가 있다.

이슬람력으로 10월 첫째 날에 개최되는 코리떼는 다른 이슬람국가에서는 Aid 디 Fitr라 불리는데, 이는 라마단 종료를 기념하는 명절로 아침에는 온 가족이 함께 띠아크리(Thiakry) 또는 라크(Lakh)라 불리는 아침 식사를 만들어 함께 먹고, 점심은 닭고기나 양고기 등으로 식사를 준비한다. 가족, 친지, 이웃들과 나누며, 저녁때 아이들은 새 옷을 입고 이웃집을 돌며 선물을 얻으러 다닌다. 이때에 어른들은 서로를 방문하여 일상

생활에서 쌓여 있을 수 있는 감정을 해소하고 서로 간의 용서를 구하기도 한다.

이슬람력으로 12월 10일부터 시작되는 따바스키는 이슬람 최대의 명절로 Aid 디 Kebir라고도 불린다. 아브라함이 자신의 아들의 목을 베어 신께 바치려 하자, 신이 대신 아브라함에게 양을 보낸 것을 기념하여 양을 잡아 가족, 이웃 등과 나누어 먹는 명절이다. 이때는 기독교 가정이 이슬람 가정에 초대되기도 하고 코리떼와 마찬가지로 아이들이 새 옷을 입고 이웃집을 돌며 선물을 얻으러 다니기도 한다.

오후에 Ms. Jiam이라는 여자가 세 명의 아들을 데리고 방문했다. 그녀는 유니세프에 근무하고 있고 국적은 말리다. 그녀는 프랑스 문화원에서 프랑스어를 배우기를 권했다. 나도 그럴 생각이다. 그러나 문화원까지는 거리가 너무 멀어서 조금 걱정이 된다.

제주도 돌하르방 부부상을 청장에게 선물했다. 재앙을 막고 행복을 지켜주는 제주 돌하르방에 청장은 아주 만족해했다. 5시경에 점심이 나왔다. 양고기가 뼈 채로 튀겨져 나오고, 야채 등이 많이 곁들여져 있었다. 모두가 오른손으로 먹는다. 우리는 익숙지 않아 결국 포크로 먹었다. 조금 질겼고 썰기도 쉽지는 않았다. 맛은 구수하고 담백하고 우리 입에 맞았다. 식후에는 사과와 배가 나왔고, 이어서 주스도 나왔다. 8시경에 집을 나섰다. 국장은 더 놀다가 저녁도 먹고 하루 자고 가야 한다고 잡아당기지만 염치가 없을 것 같았다. 또 방문도 너무 길어지면 서로가 피곤한데, 이곳 분위기는 원래 자고 가는 것이라고 했다. 너무 고맙고 감사했다. 어떻게 나중에 보답해야 할는지 마음이 무거워진다.

웬 에볼라

2부

2

우리 탈리베

낮에 걸어서 공항 근처에 있는 St. Christopher 성당 미사에 다녀왔다. 11시 미사인데 시작 시간은 11시 35분이다. 이렇게 늦게 시작하는 이유는 모르겠다. 한국에서는 도저히 일어날 수 없는 일이다. 한국에서 오히려 조금 먼저 시작해 버리는 경향이 있다. 신부는 백인이었다. 그러나 미사가 끝난 시간은 12시 40분으로 전과 같았다. 강론 시간이 무척 짧았다.

어제는 토요일이었는데 딱히 할 일도 없어서 평일 미사에 참례했었다. KOICA 현지 직원 Jean Seck이 독실한 천주교 신자다. 이 성당을 안내해 준 것도 그였다. 그도 저녁 6시 30분 미사에 참례한다고 해서 성당에서 만나 함께 미사를 봤다. 성당까지의 시간은 걸어서 30분 정도였다.

길거리엔 소위 탈리베라고 하는 구걸하는 거리의 아이들이 많았다, 처음 만난 두 명의 아이에게 약간의 도움을 주었다. 그러나 거리에는 너무 많은 아이들이 있어서 도저히 모두에게 관심을 베풀기는 불가능해 보였다. 또 돌아오는 길에 어떤 청년이 영어로 돈 좀 달라고 한다. 그냥 지나칠 수밖에 없었다. 이들에게 모두 자선이 필요한데 베풀려면 내가 어찌해야 할지 감당이 안 된다.

탈리베(Talibé)는 이슬람 학교 다라(Daara)에서 마라부(Marabout)에게 코란(Quuran)을 배우는 아동으로 공식적인 교육 시스템에서 소외되어 있다.

탈리베는 다라에서 종교 학습과 아랍어 등을 중심으로 8년 과정을 마쳐야 하며, 기본 과목을 중심으로 하는 6년간의 세네갈 정규 교육 과정과의 차이로 인해 일반 학생과 수학 등 과목에서 학습 능력 격차가 발생한다. 또한 탈리베는 마라부의 교육 방침에 따라 스스로 끼니를 해결하고 하루 수입 할당량을 채워야 하므로 대부분의 시간을 공부보다 구걸을 하며 보낸다. 이러한 할당량을 충족하지 못할 경우 굶거나 폭행을 당한다. 이처럼 탈리베는 기본적인 의식주가 박탈되고 인신매매의 위험이 도사리는 열악한 환경에 있으며 아동 노동 및 육체적 · 정신적 학대 등 심각한 인권유린을 당하고 있다.

원래 지난주 수요일에 이사를 하려고 했는데, 이래저래 부동산 업자가 핑계를 대서 이사를 못했다. 아마 내일은 가능할는지 모르겠다. 어제 집에 가보니 집은 수리 중이었고, 쓰레기들은 처음 갔을 때처럼 방마다 가득가득 쌓여 있었다. 앞으로 제대로 치우고, 제대로 수리할는지 궁금하다. 이사 간 후에도 정리하고 치우고 해야 할 일이 많을 것 같은 생각이 든다. 방충망, 세탁기, 물통, 열쇠 등 보완해야 할 것이 많아 보인다. 유숙소에 투숙중인 용접 이상규 단원은 자기도 집에 이사해서 제대로 정착하는 데 석 달이 걸렸다고 한다. 특히 자기가 사는 시골엔 벌레가 너무 많아서, 퇴치 예방 장치를 하느라 시간이 많이 걸렸다고 했다.

오늘 밤이 임시 숙소인 유숙소에서의 마지막 밤이 되기를 기원해 본다. 벌써 이곳에서의 생활이 2주가 되었다. 물론 이곳에서의 생활도 많은 도움이 된다. 우선 오고 가는 많은 단원들과 만날 수 있고, 그들을 통해 활동 정보, 생활 정보 등을 얻을 수 있었다. 또 틈나는 대로 불어를 공부할 수 있어서, 기초 불어를 한 번 더 마스터할 수 있었다.

첫 출근

첫 출근이다. 9시에 도착했는데 사무실은 텅 비어 있었다. 얼마 기다리자 직원들이 한두 명씩 들어선다. 김유나 선생의 소개로 여러 친구들과 인사도 나누고 간단한 대화도 나눴다. 방마다 대개 한 사람씩 근무하고 있었고, 영어를 조금 하는 분도 계시고 못하는 분도 계셨다. 유아교육청장인 Diouf는 오후가 되어야 출근했다. 장관과의 회의가 있었다고 했다. 유아교육청은 별도로 교육부와 따로 떨어져 나와 있다. 본청 건물이 협소하고 낡아서 따로 나와 있는 것이다. 나는 준비해간 고급 볼펜을 전 직원에게 선물로 주었다. 작은 선물이지만 모두가 좋아하였다.

근무할 사무실을 배정받았다. 혼자 근무하게 된다. 그런데 책상과 의자 외에는 아무것도 없다. 컴퓨터도 집기도 사무용품도 없다. 아마 모든 것은 내가 준비해야 하는가 보다. 이후 유나 선생이 함께 근무하게 되어서 여러 가지로 도움을 받게 되었다.

점심 걱정이 되었다. 그런데 식당 종업원이 와서 주문을 받는다. 한 가지 메뉴다. 가격은 천 세파라고 한다. 작은 생선이 기름에 튀겨져 나오고, 흰밥을 양파 소스와 섞어 먹는 것이다. 맛은 괜찮았다. 가격도 쌌다. 1시 30분이 아마 점심시간인 것 같다.

청장에게 내가 이곳에서 하고 싶은 일을 서류로 작성하여 제출했다. 주요 내용은 유치원 등 현장 방문으로 세네갈의 유아 교육 현황을 정확히 살펴서, 내가 지원이나 자문할 내용을 파악하고, 이에 따른 자문활동과 또 프로젝트를 구안하여 함께 실천하는 것 등이다.

내가 작성해 제출한 구체적인 내용은 다음과 같다.

저를 초청해준 세네갈 교육부와 유아교육청에 감사드리며, 근무 기간 중 세네갈 유아 교육의 발전을 위해 최선을 다해 노력하고 지원하겠습니다. 이를 위해 몇 가지 저의 생각을 말씀드리겠습니다.

1. 일주일에 이삼 회 유치원, 학교, 교육기관 등을 방문하여 교육 현황을 파악할 수 있도록 도와주시기 바랍니다.
2. 우리 기관에서 행하는 출장이나 행사 정보를 가능한 공유할 수 있도록 해주십시오. 출장 등에 함께 참여하여 유아 교육 내용을 잘 파악하고 싶습니다. 저희 출장비는 제가 부담하도록 하겠습니다.
3. 한국의 유아 교육 현황을 설명하고 세네갈에 적용할 수 있는 부분들을 설명하고 적용할 수 있는 방안을 설명할 수 있는 기회를 몇 차례 갖고 싶습니다. 프레젠테이션이 이루어질 수 있도록 장소, 전문가 참석 등을 지원해 주시기 바랍니다.
4. 시간이 흐른 후 향후 바람직한 세네갈 유아 교육의 방향, 교육 과정, 교육 내용 등을 제시해 보도록 하겠습니다.
5. 제가 이곳에서 해야 할 일을 구체적으로 서류로 알려 주시기 바랍니다.
6. 저에게 도움을 줄 코디네이터 직원을 한 분 지명하여 주시기 바랍니다.

7. 이곳에 근무하게 된 것을 아주 영광스럽게 생각하며, 이곳에서의 경험이 저의 인생에 큰 보람이 되리라고 확신합니다. 또 저의 작은 노력이 세네갈의 유아 교육 발전에 작은 밑거름이 되기를 기대합니다.

이런 내용은 사전에 작성하여 유숙소에서 마침 한국에 유학 중인 세네갈 현지 교민 학생이 있어서 불어로 번역하여 가지고 있었기 때문에 어려움이 없었다. 아직 나는 아무것도 모르고 또 이곳에서 무엇을 해달라는 요청도 전혀 없다. 결국 내가 찾아서 성심성의껏 해나가야 될 것 같은 생각이 들었다.

유나 선생이 먼저 퇴근해 버려서 혼자 집을 찾아오는데 방향이 헷갈려서 오던 길을 십여 분 다시 되돌아가 겨우 집에 도착했다. 집에서 걸어서 20분 정도의 거리여서 출퇴근하기 좋은 편이다. 집에 도착하니 여전히 이사 정리가 마무리되지 않아, 다시 청소와 정돈을 시작했다. 부엌 싱크대 등은 파손된 채로 수리가 되지 않아 언제 될는지 모르겠다.

주요 기관장 회의에서 기조 강연을 하는 필자

쩨부젠 점심

오늘은 처음으로 혼자 걸어서 출근했다. 책과 컴퓨터 등 15kg 정도의 물건을 양손에 들고 나섰다. 유나 선생에게 함께 출근하자고 했으나 유나 선생은 나중에 천천히 가겠다고 혼자 가라고 한다. 지난주에 출근하면서 나름대로 건물과 길 등을 기억했으나, 유나 선생이 함께 출근할 것으로 생각하여 자세히 살펴 두지는 않았었다.

40도를 넘는 몹시 더운 날씨다. 그런데 역시 길을 잘못 들었다. 회전교차로를 지나서 우회전해야 하는데, 그냥 지나쳐 버린 것이다. 아무리 가도 내가 기억하던 팻말이 나오지 않고, 결국 카지노가 있는 곳까지 갔다. 아무래도 잘못 길을 선택한 것 같아 유나 선생에게 전화했더니, 엉뚱한 길을 두 배나 멀리 가버렸다고 한다. 뒤돌아서 1층 베란다에 꽃이 심어진 건물을 찾아 겨우겨우 사무실에 도착했다. 온몸은 땀으로 범벅이 되어 있었다. 너무 무거워 중간에 노트북을 떨어뜨리기까지 했다. 겨우 도착했다. 9시 20분 정도가 되었다. 그러나 아직 출근한 사람은 한 사람밖에 없었다.

컴퓨터를 켜고 점검해 보니 인터넷까지 이상이 없었다. 사무실 키와 화장실 키 등을 받았으니 잘 관리하면 분실의 위험은 없어 보였다. 직원들이 와서 쉬는 시간 잠시 사무실을 뜨는 경우에도 반드시 문을 잠가야 한다고 여러 번 주의를 준다.

이곳에 같이 근무하는 정종량 자문단도 나에게 얘기했었다. 자신도 분실한 경험이 있다고. 자신의 사무실에 한국에서 가져온 노트북이 잠시 사무실을 비운 사이에 감쪽같이 사라져 버렸다고 했다. 컴퓨터 가격은 말할 필요도 없고 자료도 모두 함께 사라졌으니 몹시 난감했을 것이다. 그분 말씀은 아마도 사무실을 들락거리는 전기공 등 기술자들의 소행이 아닌가 싶다고 했다. 결국 정 자문관은 50만 세파(100만 원)을 들여 이곳에서 다시 컴퓨터를 샀다고 했다. 다행히 외장하드에 자료를 따로 보관하고 있어서 문제를 최소화할 수 있었다고 했다.

점심은 현지식으로 했다. 기름으로 지은 밥에 양고기 소스가 곁들여져 있었다. 맛은 먹을 만하다. 양도 많다. 밥의 식감이 부스럭거린다. 사용한 기름이 정제된 것인지, 고기 상태가 온전한 것인지 걱정이 되었으나 우리 입맛에 잘 어울린다.

세네갈의 음식 문화는 씹고, 뜯고, 맛보고, 즐기는 과정이라고 할 수 있다. 신선하게 구할 수 있는 풍부한 식재료와 프랑스, 모로코, 포르투갈 식문화의 영향, 그리고 보통 두세 시간 정도 공들여 조리하는 조리법, 다채로운 향신료와 허브 사용 등으로 인해 세네갈 음식은 우리 입맛에도 잘 맞을 뿐만 아니라 아프리카 최고 수준으로 인식되고 있다.

특히 아프리카 서단 해안에 위치한 세네갈은 흔하게 볼 수 있는 생선뿐만 아니라 닭고기, 양고기, 소고기, 새우 등을 활용한 요리가 발달해 있지만 이슬람 국가인 탓에 돼지고기 메뉴는 찾아보기 힘들다. 또한 특산품인 땅콩과 비샵(히비스커스과 식물), 양파 등을 이용한 소스가 발달하였으며, 이외에 북서 아프리카 지역에 보편적인 식재료인 쿠스쿠스나 쌀, 렌틸콩 등도 쉽게 접할 수 있다.

세네갈의 대표적인 음식으로는 쩨부젠, 야사뿔레, 마페 등이 있으며 더위와 갈증 해소에 좋은 음료 역시 다양하다. 가장 대표적인 음식인 쩨부젠(Thiebou Dieune)은 생선을 이용한 요리다. 고기를 이용하면 쩨부얍이라고 한다. 전통 요리인 만큼 만드는 법이 간단하지 않다. 우선 양파, 파슬리, 마늘, 레몬과 각종 허브 채소를 다져 페이스트처럼 만든 후, 반으로 가른 생선 속에 넣은 뒤, 기름을 넉넉히 두르고, 토마토 소스와 각종 채소를 볶은 소소에 넣어 찐다. 이때 쌀은 생선을 쪄 내는 증기로 한 번 찌고, 이후 생선과 채소를 볶은 기름을 찐 밥에 부어 한 번 더 쪄낸 후, 넓은 접시에 기름에 찐 밥을 두르고 함께 생선과 야채를 담아낸 음식이다. 가족 여러 명이 둘러 앉아 함께 나눠먹는 식문화로 인해, 여러 명이 한 접시에 담긴 음식을 손으로 뜯으며 즐긴다.

직원들은 얼굴이 비슷비슷하고 키도 커서 잘 구분이 되지 않는다. 더구나 여자들은 모두 같아 보인다. 언제면 서로 구별이 될는지 걱정된다. 또 프랑스어는 내가 잘 모르니 통하지 않고, 영어는 그들이 서투르니 역시 의사소통에 어려움이 있을 것으로 예측된다.

이상한 퇴임식

오늘은 기관에서 퇴임식이 있는 날이다. 지난 20일간 우리 기관은 오직 이 퇴임식에 올인하는 것처럼 보였다. 전 직원이 모여 몇 차례의 회의와 일정표 검토와 인사말 교정 등 모두 함께 모여 이 일을 준비해 왔다. 식순 하나 정하는 데에만 전 직원이 너댓 시간 협의했다. 하루를 전부 소비했다. 우리로서는 도저히 이해가 가지 않는 일이다. 장소는 Median에 있는 Maison de la Culture(문화회관)이다. 직원들은 모두 정장, 또는 전통 의상이고 특히 여자들은 최고의 의상과 화장을 했다. 사무실에 모여 기관차 또는 택시로 함께 이동했다. 나도 택시에 합승했다.

이상한 일은 최근에 퇴직한 분도 있다고 하지만, 3년 전에 퇴직한 전직 청장을 비롯한 세분의 퇴임식을 이번에 몰아서 한다는 것이다. 참석자 모두가 최고의 의상을 입고 왔다. 우리 사무실 본느(청소원)도 너무 예쁘게 차려 입고 있어서 처음에는 어느 배우가 왔나 했다. 유나 선생도 예쁜 한복을 입었다. 시작은 3시에 하기로 되어 있다. 그런데 아무리 기다려도 시작하지 않는다. 결국 두 시간이 지난 5시가 되어야 시작됐다. 알고 보니 주빈인 다카르시 부시장이 오지 않아서, 시작이 늦어졌다고 한다. 삼사십 대로 보이는 그녀는 검은색 정장에 아주 도도해 보였다.

국민의례와 같은 절차는 없고, 바로 네 분의 축사가 있었다. 축사는 아주 길고 장황했다. 그리고 사이사이에 송별사와 선물 증정이 있었다. 전직 청장은 여자로 눈시울을 붉히며 눈물을 훔치기도 했다. 우리 직원 세레스탱이 송사를 했는데, 거의 15분정도의 아주 긴 내용이었다. 또 중간에 친구, 친지 등이 등장해서 소감을 얘기하기도 했다. 여자 부시장은 중간에 자리를 뜨자 퇴임식은 중단되고, 모든 임석관들이 배웅하느라 다 밖으로 나간다. 차가 완전히 떠날 때까지 모든 자리가 비었다. 또 많은 시간이 지체되었다. 송별 선물은 텔레비전, 전자레인지 등인데 사무실에서 유나 선생이 포장했다. 식이 끝난 후 현장에서 도시락형 식사가 제공되었다. 닭튀김과 과자 등 한 끼 식사로 충분한 내용물이 담겨 있었다.

중간에 누가 내 사진을 찍었는데, 식이 끝나고 나올 때 출력한 사진을 보이면서 사라고 한다. 한 장에 5백 세파다. 내가 나온 사진 두 장을 구입했다. 알고 보니 이곳에서는 행사장마다 사진사들이 와서 계속 찍고 끝날 때쯤에 사진을 전시하고 판매하는 것이 일반적인 모습이다.

택시로 귀가하는 길에 다카르 대학을 지나게 되었는데, 은행 창구에 오륙십 명의 고객들, 아마도 대학생들이 줄을 서 있었다. 돈 찾는 학생들이라고 한다. 최근에 다카르대학에서 시위가 있었는데 1명이 사망했다. 내 과외 선생인 안타(Anta)에 의하면, 학비는 학기에 3천 세파 정도로 거의 무상이지만, 나머지 생활비, 숙박비, 학습 자료와 교구 구입비 등 비용이 너무 많이 들어서 정부 지원을 요청하며, 시위를 한다고 한다. 전에는 많은 비용을 정부에서 지급했으나, 지금은 이런 지원이 중단되어 계속 시위를 한다고 했다.

비 내리다

어제 저녁 이곳에서 처음으로 엄청난 굉음, 천지개벽과 같은 섬광을 듣고 보았다. 몇 달 동안 비가 내리지 않아 모두가 하늘만 쳐다보고 있었는데 드디어 하늘이 열리고 비가 내렸다. 바싹 마른 대지를 흠뻑 적신 그 젖 줄기는 땅을 가르고, 갑자기 시내가 생겨나고, 강처럼 빗물이 흘러내리기 시작했다. 아침에 개더니 10시경에 다시 내리기 시작했다. 나는 아침 일찍 널었던 빨래를 다시 거두어 들이고 큰비에 대비했다. 창밖으로 보니 많은 집들이 아침 일찍 빨래를 널어놓았다. 그런데 비가 내리는데도 거두어 들일 생각을 않는다. 나와 보고서는 그냥 들어간다. 어차피 빨래를 하려면 물도 있어야 하고 힘도 드니까 그냥 젖은 채로 두었다가, 해가 뜨면 자연히 마르기 때문이라고 생각하고 있는 것은 아닐까?

건넛집 옥상에선 양 두세 마리와 온 가족이 함께 나와 놀고 있다. 아침이 되면 여기저기서 양, 닭, 새, 말의 울음소리 등 온갖 짐승들의 울음이 오케스트라를 연주한다. 아침 자명종 소리가 필요 없다. 너무 일찍 부는 동물들의 기상나팔 소리가 오히려 문제다.

집 앞 길 건너 즉 6미터 앞에는 짓다 만 건물 같은 집이 있다. 그곳 1층에 모스크가 있다. 아무 표시도 특별한 모습도 없이, 그냥 일반 주택에 1

층을 임대해 사용하고 있으니, 전혀 모스크라는 생각이 들지 않는다. 단지 앞에는 고성능 스피커 두 대가 있다. 그런데 새벽 5시만 되면 이 고성능 스피커에서 기도 시간을 알리는 소리가 온 동네에 울려 퍼진다. 모두가 잠을 깰 수밖에 없다. 일어나 보면 사람도 불빛도 없다. 아마 누군가 한 사람 방송을 하고 떠난 모양이다. 한 30분 지나면 사람들이 모여 기도를 한다. 주변에도 여러 개의 모스크가 있는데 조금씩 시차를 두고 계속 스피커 소리가 들린다.

하루에 다섯 번씩 정기적으로 알리고 또 틈틈이 다른 내용을 알리기도 한다. 보통 1분 정도 하지만 어떤 때는 함께 모여 기도하는 내용을 이삼십 분 계속 흘려보내기도 한다.

다시 비가 왔다. 소위 옥탑방에 해당하는 내 집에도 창문 틈을 통해 비가 흥건히 스며들었다. 걸레로 짜내서 물통에 퍼 담으며 위기를 넘기고 있다. 그러나 비는 우리 마음을 차분하게 안정시키고 또 세상도 무척 푸르러 보이는 평화로운 주말이다.

웬 에볼라

오늘은 한 번도 밖에 나가지 못했다. 집 안에서 빈둥대며 프랑스어 공부를 했다. 또 굳이 핑계를 대라면 급성 전염병 에볼라 때문이다. 요즘 서아프리카에 에볼라가 창궐하고 있다. 그래서 한국에서도 아주 예민하게 반응하고 있고 또 우리 딸 진솔이도 걱정이 된다는 메시지를 보냈었다.

최근에 이웃 기니에서 한 대학생이 몰래 국경을 넘어 밀입국했다. 그가 검거되었고, 에볼라 감염자로 확진되어 병원에 격리 수용되었다. 그의 친족이 에볼라로 사망했는데 그 장례식에 참석했던 대부분의 친지들이 감염되어 사망했다. 그 청년도 기니에 있다가는 죽을 것이라 생각해서 세네갈로 도망쳐 밀입국한 것이었다. 이곳에서는 장례식 때 육체적인 접촉으로 작별을 하기 때문에 바로 감염되는 것이다. 그의 부모 형제 등 모두 사망했다고 한다.

어제 KOICA 사무실에서 비상 상황 대처 회의가 있었다. 다카르에 거주하는 15명의 전 봉사단원이 참석했다.

안전 교육과 질병 예방 교육이 이루어졌다. 특히 에볼라 관련 교육이 있었다. 90%의 치사율을 보이는 에볼라는 주로 땀, 침 등 체액을 통해 감염된다. 특히 시체를 만져서는 안 된다. 문제는 봉사단원들의 이곳에 계속 잔류 여부다. 이제 전원 귀국할 것이냐 잔류할 것이냐 등의 문제가 불거지고 있었다. 아마 국가 차원에서 이미 이런 문제가 논의되고 있는 것 같았다. 국가와 KOICA 본부에서 결정하겠지만 조기 귀국해야하는 상황이 생길는지도 모른다는 사무소 직원들의 얘기다. 나의 경우도 은퇴 후의 삶 계획을 세우고 여러 단계의 과정을 거쳐 어렵게 어렵게 이곳에 와서 이제 정착을 하려고 하는데 조기 귀국 결정이 이루어진다면 상당한 기간 동안 공황 상태에서 벗어나지 못할 것 같다. 어쨌든 모든 단원들이 원하는 대로 결정되기를 희망해 본다.

그러나 국제 간 협력 사업을 쉽게 결정할 일은 아닌 것 같다. 세네갈은 한국과 1962년 10월 19일 수교하였으며 무역협정(1976년), 문화협정(1980년), 경제 · 기술협력협정(1980년), 투자증진 및 보호협정(1985년) 체결 이후 가까운 협력 관계를 유지하여 개발 협력과 관련해서도 청년봉사단 파견 각서(1997년)와 EDCF 차관협정(2008년)을 맺었다. 한국과의 무역은 최근 들어 매우 활발해져 양국 간 교역액이 2011년 8,400만 달러 규모에서 2013년 1억 3,700만 달러로 63% 가량 증가하였다. 주요 수출 품목은 자동차, 정밀화학 원료, 표면활성제 등이며, 주요 수입 품목은 어류, 수산가공품 및 연제품이다. 또한 삼성전자, 동원산업, 거광수산 등의 한국 기업들이 진출해 있으며, 2013년 기준 세네갈 내 한국 교민은 3백여 명이다. 여러 가지 어려움이 있겠지마는 지금까지 쌓아온 양국 관계가 이번일로 소원해져서는 안 될 것이다.

지난밤 이런저런 생각에 잠도 안 오고 새벽까지 뒤척거리다 새벽녘에야 조금 잠이 들었다. 나는 하느님의 섭리에 따라 이루어지리라고 생각하고 생활해야겠다고 생각해 본다. 모든 단원들은 몹시 어둡고 또 쓸쓸한 표정이 드리워져 있었다.

송기정 KOICA 사무소장님, 또 사모님인 이경숙 님께 내 수필집 '사랑하는 사람 가지지 마라'를 드렸다. 사모님이 가톨릭 신자여서 신앙생활에도 도움이 되리라 여겨졌다. 어제 추석 격려품과 또 중장기 단원 생활용품을 받았다. 추석 격려품에는 김, 깻잎, 장조림 등이 들어 있었다. 모두가 맛있어 보였다. 또 생필품에는 전등, 말라리아 점검 시약, 비상약품 등 많은 것들이 있었다. 식품과 용품들을 정리하면서 과연 이것들을 모두 먹어보고, 사용해볼 시간이 있을까 혼자 쓸쓸히 웃어 보았다. 몹시 위험한 어려운 상황이라면 더 이상 근무할 수 없겠지만, 막상 떠나게 된다면 또 얼마나 아쉽고 허망할까 하는 생각이 계속 맴돈다.

생루이 문화원 인근에서 여고생들과

프랑스어 개인 과외

하루는 더디지만 일주일은 바쁘다. 지난주에는 에볼라에 따른 귀국 지침이 어떻게 날지 불안한 시간이었다. 드디어 결론이 났나 보다. 한국 본부에서는 귀국을 희망하는 봉사단원들은 모두 귀국시키겠다는 방침이라고 한다. 대사관 이 서기관에 의하면 20% 정도가 귀국 신청을 했다고 한다. 10명 정도 될 것 같다. 그러나 점점 늘어날 전망이다.

나는 이곳에 와서 한 달밖에 안됐으니 신입 중의 신입이다. 임기를 채우고 또 뜻하는 목표도 채우고 귀국하는 것이 나의 소망이다. 그러나 개인은 약하고 정부와 조직은 강하기 때문에, 그들의 결정에 따를 수밖에 없을 것이다. 아니 국익과 국민의 권익을 위해 신중하고 합리적인 결정을 하기 때문에 그들의 판단에 따를 수밖에 없을 것이다.

다음 주 수요일엔 '한국의 유아 교육'에 대한 파워포인트를 만들어서 한 20분 정도 영어로 설명하고 질의응답에 답변할 예정이다. 이번 주는 이 준비로 보냈다. 우리 유아교육청에서는 아무런 요구도, 지시도, 지침도, 조언도 해주지 않고 있다. 나를 방치하고 있다는 느낌이 들 정도다. 내가 스스로 일을 만들어 내고 찾아내고 추진할 수밖에 없을 것 같다. 이미 청장에게 코디네이터 지정과 업무 추진 관련 나의 희망 사항 등을 서류로 제출했으나, 아무 응답이 없다. 어찌 보면 참으로 한심스러운 모습이다.

나는 요즘 8시경에 출근한다. 한국에서의 버릇 때문이기도 하다. 한국에서는 아침 7시쯤에 출근했기 때문이다. 외국어 고등학교는 아침 6시 반에 아침 식사를 하고, 중앙여고는 7시 30분까지 아이들이 등교해야 했다. 날씨가 너무 덥기 때문에 더위를 피한 출근이기도 하다. 직원 숨부느와 알리는 조금 일찍 출근한다. 그들의 방엔 에어컨이 설치되어 있다. 아마 집보다 여건이 좋기 때문이기도 할 것이다.

나의 일과는 일정하다. 1시 30분에서 2시경에 점심을 한다. 현지식으로 하고 한 끼에 천 세파다. 일과가 끝나면 땡볕을 지나 집에 와서 땀을 씻고 프랑스어 교습을 받는다. 강사는 전에 옆집 유나 선생이 과외를 했다는 Anta라는 여대생이다. 그녀는 다카르대학 영문과 3학년이다. 그녀는 요즘 학교에 안 다닌다고 한다. 계속되는 시위 때문에 계속 학교는 문을 닫고 있다고 했다.

전에 유나 선생에게는 7만 세파를 받았다고 했다. 나는 그녀의 요구도 있고 해서 8만 세파에 하기로 했다. 그런데 그녀는 계속 돈을 추가로 요구한다. 예를 들면 비가 와서 택시를 탔으니까 택시비를 달라고 하고, 차비를 잊어버렸다고 해서 교통비를 주어야 하고, 또 지갑을 도난당했다고 하면서 돈을 요구하기도 했다. 정말 이런 것들을 어떻게 계속 처리해 나가야 할는지 난감하다. 계속 수업을 받을 것인지는 한 달 후에 재고해야 될 것 같다.

지난 수요일엔 무려 40분을 지각했고 어제는 연락도 없이 수업이 취

소되었다. 연락해 보니 할머니가 돌아가셨다고 한다. 거의 이삼십 분씩 지각한다. 그렇다고 연장 수업을 하지는 않는다. 나의 다음 시간 계획도 있기 때문이다. 그녀는 미안한 마음도 전혀 없어 보인다. 이곳 교사들의 초임이 16만 세파 정도 된다고 하니 8만 세파는 상당한 수업료다.

이곳에는 자문단이 나를 포함해서 세분이 있다. 정종량 선생님, 이상윤 박사, 그리고 나다. 오늘은 대사관 이 서기관과 함께 서울식당에서 밥 먹고 알리앙스 프랑세즈(프랑스 문화원)에서 맥주를 한잔 했다. 이 서기관은 외모도 멋지고 능력도 뛰어난 분이다. 자녀 교육 이야기, 에볼라 얘기 등을 나누었다.

프랑스 문화원은 물론 프랑스어 교육과 문화 활동을 하는 것이 주된 사업이지만 부설 식당이 있어 영업도 한다. 들어갈 때 금속 탐지기고 일일이 점검한다. 식당 안은 별천지다. 엄청난 규모에 대부분이 백인이다. 서양식 음식과 술과 음료 등 풍부하고 물자가 넘친다. 우리는 가젤이라는 세네갈 맥주를 시켰다. 안주가 땅콩이 나왔는데 아주 작다. 한국에서라면 파치에 해당하는 것이다. 세네갈이 원래 땅콩이 유명하다. 대부분 토실이 사암토실이어서 땅콩 재배하기에 적질하다고 한다. 그런데 크기가 워낙 작아서 한국의 큼직한 땅콩을 가져다 심으면 좋지 않을까 하는 생각이 든다. 다음에 오면 식사도 한번 시켜 먹고 싶다. 이 박사님은 돼지갈비 구이가 싸고 맛도 좋다고 한다. 택시를 타고 집에 오니 11시가 좀 넘었다.

프랑스 문화원에서 프랑스어 연수 동료들과

우리 교육 알리기

오늘은 우리 교육청에서 나로서는 중요한 행사가 있었다. 내가 한 달간 근무하면서 준비한 내용에 대한 프레젠테이션이 있었다. 주요한 내용은 내가 지금까지 해온 일, 경력, 경험, 수상, 나의 고향 제주도 등에 대한 설명을 우선했다. 그리고 이어서 한국의 교육 일반 사항, 학제, 한국의 유아 교육 일반에 대한 내용을 파워포인트 자료로 작성하여 영어로 브리핑했다.

참으로 오랜만에 전 직원이 참여한 모임이었다. 장소는 우리 유아교육국에서 가장 넓은 'Sall de Reunion'이다. 나는 간식으로 케이크와 음료를 준비했다. 이 모임은 원래 수요일 하기로 하고 결재를 받았으나, 긴급한 회의가 교육부에서 있어서 오늘로 연기되었었다. 처음 연기되었을 때는 몹시 허전했으나 오늘 하게 되니 전 직원이 참여하게 되고, 준비도 더 보충하게 되어 오히려 좋았다. 수요일에 했더라면 직원이 반 정도밖에 참석하지 못했을 것이다. 여러 가지 업무와 출장 때문이었다. 나는 영문으로 작성한 자료를 직원 수만큼 출력하여 모두에게 배부했다.

여기서 세네갈의 교육 현황을 조금 살펴보도록 하자. 세네갈의 15세 이상 인구의 문해율은 2011년 기준 52.1%이다. 이는 2002년 39.3%에서 크게 상승한 것으로 그중 남성의 비율은 66.3%, 여성의 비율은 40.4%인 것으로 나타났다. 15세부터 24세의 청년층의 경우 문해율은 66%이며, 남성의 비율이 74%인데 반해 여성의 비율은 59%로써 성별 간 격차를 보이고 있다.

2012년 기준 초등학교 순 등록률은 73.3%이며, 2002년 64.1%에 비하여 크게 상승하였다. 초등학교 이수 비율은 2011년과 2012년 꾸준히 66%를 유지하고 있다. 초등학교 등록률은 상승 기조임에도 불구하고 사하라이남 아프리카 평균인 77.7%보다는 낮아 지속적인 개선 활동이 필요하다. 세부적으로, 빈곤한 가정의 경우 초등학교 입학 연령이 늦어지는 경우가 많으며 2013년 기준 초등교육 중도 하차 비율은 약 9. 8%를 기록하였다.

나의 설명 후에 20분 정도의 질의응답이 있었다. 여러 명이 영어로 질의를 했는데 정확히 내용을 서로 이해하여 답변했는지는 좀 궁금하다. 나도 서툴지만 그들도 비슷했다. 나도 열심히 어학 공부를 해야겠다. 이어진 교육청의 기타 회의가 있었고 거의 4시간 정도 소요되었다. 모두가 프랑스어로 진행되기 때문에 거의 이해할 수 없었다. 분위기는 진지하고 화기애애하고 모든 직원이 충분한 의견 개진이 있었다. 국장은 모든 사람의 의견을 경청하고 일일이 메모하면서 또 설명하고 의견을 교환했다. 대화와 협상을 좋아하는 프랑스의 영향을 받아 마치 프랑스에 온 듯한 착각을 일으켰다.

교육청 회의실에서 기조연설 중인 필자

믹스 커피 그리고 성가

아침 상쾌하다. 다섯 시에 모스크 소리에 잠을 깨고 방 청소를 하고 세탁기를 돌렸다. 그사이에 빵 반쪽, 계란 한 개, 사과 한 개, 냉수 한 잔으로 아침 식사를 마쳤다. 이 정도면 괜찮은 토요일 아침이다.

지금은 성가를 듣고 있다. 인터넷으로 성가를 5십여 곡 다운로드 받아서 근무 중에 가끔씩 듣는다. 성가를 들으면서 일하면 지루하지도 않고, 능률도 오르는 것 같다. MP3 파일로 집에서도 듣는다. 라디오가 MP3 재생이 되는 것은 이번에 구입한 것이 처음이다. 저녁때는 BBC 영어 방송을 들을 수 있기 때문에 이번에 라디오를 구입했다. 믹스 커피 한 잔을 마시며 성가를 들으면 가슴이 맑아지는 느낌이다.

미스 커피는 문 건너 아파트에 사는 유나 선생이 내가 처음 집으로 초대했을 때 방문 기념 선물로 봉지 10개를 가져왔었다. 이제 3개 정도 남았다. 아껴 먹어야겠다. 무엇이나 귀하고 소중한 것이 이곳이다. 유나 선생을 초대한 것은 여러 가지로 도움을 많이 주었고, 집도 정리가 돼서 식사나 함께 하자는 뜻이었다. 음식 솜씨가 없으나 갈치조림과 된장찌개를 해서 함께 먹었다. 소박한 식사였다. 함께 식사하면서 이런저런 얘기를 나누었다.

알고 보니 그녀는 김범우 순교자의 후손이었다. 명동 성당 초대 회장이요 현재 명동 성당을 포함한 많은 땅들을 그 당시에 기증했다고 했다. 자기도 그런 사실을 몰랐는데 어느 날 갑자기 성당 관계자들이 집을 찾아왔다고 했다. 할아버지를 찾아와서 김범우의 후손을 찾는다고 했고, 할아버지가 직계 후손이어서 찾아왔다고 했다. 이 사실을 늦게야 알게 되자 조금은 방랑벽이 있던 할아버지가 천주교 신자로 변모했다. 결국 열렬한 천주교 신자로 임종했다. 김범우 성인의 돌봄과 섭리가 아닌가 하는 생각이 들었다. 그녀의 어머니와 그녀도 세례를 받았다고 했다. 그런데 어머니는 냉담(쉬는) 중이고, 그녀도 지금 개신교에 다니고 있는 형편이다. 하긴 이곳에 한인 성당이 없으니 교회에 열심히 다니는 것도 좋은 일이다.

내가 다니는 성베드로 성당에는 한국 신자는 물론이여 동양인은 한 분도 없다. 그 분들도 나도 문제가 있는지 모르겠다. 이곳 한인 교회 목사님이 모두 같은 형제니 말이 통하는 교회로 나오라고 나에게도 말했다. 그러나 너무 많은 차이가 있고 나처럼 나이든 신자로서는 관점과 신앙관이 다르기 때문에 나는 어려움이 있어도 성당에 나갈 수밖에 없고 신앙생활에 아무런 어려움이 없다. 어쨌든 오늘은 마음이 안정되었다. 성가도 듣고 책도 읽으니 마음이 편안하다.

지난주부터 프랑스 문화원에서 프랑스어 강좌를 수강하고 있다. 45시간 수강에 총 13만 5천 세파 등록금을 지불했다. 거의 3십만 원이다. 우선 수준별 수업을 하기 때문에 필기, 말하기 듣기 시험을 봤다. 강사비, 교재비, 평가비 등이 포함되어 있다. 프랑스 문화원이어서 거의 무료로 수강할 수 있으리란 예상은 모두 빗나갔다.

또 매일매일의 교통비도 만만치 않다. 택시비가 왕복 4천 세파가 든다. 그래서 갈 때는 버스를 이용하고 있다. 대형 버스 DDD(Dakar Dem Dikk)는 150세파고, 낡은 소형 버스 TATA는 200세파다. 버스비는 아주 저렴하다. 그러나 오가는 시간이 정해져 있지 않다. 한 시간 기다려야 나타나는 경우가 많다. 버스 정류장엔 비나 해가림 시설이 없다. 그냥 팻말만 있다. 그 더위에 한 시간 기다리는 것은 너무 힘든 시련이다. 또 타면 너무 많은 사람들로 발 디딜 틈도 없다. 그래서 버스에서 소매치기 도난 사고 등이 많이 발생한다. 처음엔 가격을 잘 몰라서 200세파 내면서 모네(잔돈)을 달라고 했더니 안내양이 주지 않는다. 옆의 젊은 친구가 설명해 주는데 산다가까지는 200세파여서 잔돈을 주지 않는다고 했다. 더 낡고 협소한 버스가 가격은 더 비싸다. 제일 뒤쪽에 자리가 생겨 앉았다. 의자의 비닐은 다 도망갔고 노출된 스펀지가 덜레덜레 붙어 있다. 그 좁은 공간에 5명이 바싹 달라붙어 앉았다.

프랑스어 강좌는 젊고 뚱뚱한 마리라는 로즈라는 여교사가 가르친다. 나는 기초반에 편성되었다. 수강생은 처음 10명 정도 되었는데 나날이 불어나서 지금은 20명 가까이 되었다. 반을 두 개로 편성해야 할 게 아닌가 하는 생각이 들었다. 수강생들의 국적은 우간다, 말리, 멕시코, 미국 등 아주 다양하다. 서양어권 수강생들은 듣기가 뛰어나 보였다. 같은 어족에 속하고 어원이 비슷한 언어를 사용하기 때문에 훨씬 유리할 것이다. 열심히 하고 싶으나 오가는 시간이 많이 들고, 사람이 많다 보니 언어 사용과 접촉이 제한적이고 또 경비도 만만치 않으니 오래 계속 수강하기는 어려울 것 같다. 올 때는 버스가 거의 끊기고 너무 어두워서 택시를 이용할 수밖에 없다.

따바스키 축제

어제는 따바스키 축제였다. 성경에 보면 아브라함이 늦게 얻은 외아들 이삭을 주님께 제물로 바치려 할 때 하느님께서 이를 말리시고 주변 가시덤불에 걸려있는 양을 제물로 바치라고 지시하신다. 바로 이 아브라함의 신앙을 기념하는 축제가 따바스키다.

거의 한 달 전부터 전국의 양들은 도시를 점령하기 시작했었다. 우리 다카르의 모든 공터는 양들로 메워 졌었다. 어제 아침 성당에 가면서 보니 그 수많은 양들은 거의 사라지고 없었다. 다 팔린 것이다. 삼사십 마리 정도 있었던 어느 장터는 6마리만 남아있었다. 조금 보잘 것 없고 바싹 마른 양들이었다. 성당에서 돌아올 때는 그 나마 세 마리밖에 없었다.

이날 청장은 아침 9시에, 시리비 여직원은 토요일 날, 그리고 Mamadou Diouf는 1시에 나를 초대했다. 나는 며칠 전에 Kermet 시장에 가서 세 곳을 방문하는데 필요한 선물을 세 개 구입했다. 프라이팬 비슷한 종류다. 그런데 시라바는 그 후에 특별한 연락이 없다. 아마 의례적으로 초청 인사를 한 것을 내가 곧이곧대로 해석했나 보다.

청장네 집은 9시 반쯤에 가겠다고 했다. 그렇게 일찍 오도록 요청한 것은 알고 보니 양(Mouton)을 제물로 바치는 순간을 와서 보라는 것이었다. 아침 일찍 일어나 청소하고 7시 30분 미사를 봤다. 거의 9시가 되어서 미사가 끝났으니 거의 뛰어서 허겁지겁 집으로 왔다. 옆집 유나 선생을 불러 택시로 도착했다.

정부 임대 주택에 사는 국장은 한 마리스트에 산다. 평소에 천 세파나 천오백 세파면 가는데 오늘은 이천 세파다. 모두가 대목이다.

아파트 기둥엔 잘생긴 큼직한 무통이 하나 매어 있다. 그의 앞에는 음식이 놓여 있고 배설물이 흩어져 있다. 양들을 특별한 능력을 지니고 있어 보인다. 배설물을 작은 환으로 만들어 배출하기 때문이다. 왜 그런 모양으로 배출하는지 궁금하다.

집에 가보니 청장은 없었다. 아들 모하메드와 함께 모스크에 기도하러 갔다고 했다. 그들이 오자 모든 가족들과 함께 아파트 작은 1층 광장으로 갔다. 여기저기서 죽은 양들을 해체하고 있었다. 청장을 포함한 장정 서너 명이 양을 넘어 뜨려 누르고 숨통을 끊는다. 나에게는 끔찍한 광경이었으나, 그들은 여자들도 아무런 표정이 없고 해마다 치르는 통과의례여선지 구경하기에 바쁘다. 우선 껍질을 벗기고 다리를 자르고 내장을 분리하고 고기를 조각낸다.

거의 작업이 끝날 무렵 아이들 세 명을 거느린 아주머니가 머리에 빈 양동이를 이고 아이들은 그릇을 들고 나타났다. 여기저기 다니면서 아이들은 조금씩 고기를 구걸하고 받아온 것을 그 어머니는 양동이에 담는다. 양을 잡을 여건이 안 되는 집에서는 이렇게 여기저기서 얻어다 축제를 지낸다고 한다.

나는 며칠 전부터 이런 생각이 들었다. 꼭 이런 형태로 축제를 지내야 하나? 아주 옛날에는 제물로 동물을, 어떤 때는 산 사람까지도 바쳤다. 그러나 지금은 많은 것이 변화되었다. 모든 집에서 양 한 마리씩 잡아 한꺼번에 엄청나게 많은 양들이 도살된다는 것은 좋지 않아 보였다. 그것을 필요한 만큼 푸줏간에서 사다 쓰면 되지 않을까? 우리나라도 마찬가지다. 옛날에야 설이나 명절에는 소나 돼지를 잡고 아니면 공동 추렴도 하면서 제를 준비했다. 그러나 지금은 모두 마트나 푸줏간을 이용한다.

유나 선생은 옆에서 어린 양을 잡는 것을 보고 거의 울음을 터트렸다. 또 이 장면들을 청장으로부터 사진에 담으라는 지시를 받은 그녀는 무척 곤혹스러운 모습이다. 나도 사진 몇 장을 담았다. 유나 선생은 교회일로 먼저 자리를 뜨고, 나는 2시 반까지 있었다.

1시가 지나자 우선 작은 음식이 나왔다. 빵과 약간의 구운 간과 양고기다. 이것이 아침 식사다. 아마 너댓 시가 되면 점심 식사가 늦은 저녁 거의 한밤중이 되어야 저녁 식사를 한다. 저녁을 하면 다시 그곳에서 잠을 자는 경우가 많다. 이 식사에 일본인 2명이 함께 참석했다. 남자는 냉동 시설 전문인 봉사자로 66세라고 한다. 이미 해외에서 3년간 근무 경력이 있었다. 여자는 50대 후반으로 35년간 유치원에서 근무했고 퇴직 후에 시니어 봉사단원으로 온 것이고 우리 사무실에서 근무하게 된단다.

이곳에 온 지 열흘 정도 되었다고 했다. 지난주에 일본에서 새로운 봉사단원 19명이 이곳에 왔고, 시니어 단원 4명, 일반 봉사단원이 15명이라고 한다. 4명이 남자이고 대부분이 여자라고 했다. 한국 KOICA는 철수하기에 바쁜데 다른 나라에서는 계속 도착하고 있으니 뭐가 뭔지 모르겠다. 봉사는 여러 가지 어려운 여건을 이겨내면서 이루어져야 효과와 공감대와 우정을 지켜나가는 것이 아닌가 생각한다. 수원국이 어려움에 처해 있을 때 자국의 이익만을 생각해서 도움을 쉽게 포기한다면 지금까지 쌓아온 노력도 헛되게 평가될 수도 있으므로 현명한 판단이 요구된다. 특히 정치가들은 섣부른 판단을 해서는 안 될 것이다. 한두 명의 정치인은 에볼라의 위험성을 얘기하면서 KOICA의 대처 방안을 빨리 대라고 얘기하고, KOICA에서는 조급히 판단하여 조기 귀국 등을 내세우면 그사이 쌓아온 성이 한꺼번에 무너질 수밖에 없을 것이다. 이런 면에서 우리는 일본을 확실히 배울 만하다.

버스를 두 번 갈아타고 마마두 디우프네 집으로 갔다. 그는 59세이고 1년 후 60세에 퇴직한다. 집 안엔 자녀들, 손녀들, 친족들로 북적인다. 그는 항상 웃음을 잃지 않으며 따뜻하고 친절하다. 그는 전에 오랫동안 초등학교 교장을 하다가 장학사로 근무하고 있다. 그는 자녀가 열 명이다. 다섯 명의 아들과 다섯 명의 딸이 있다. 아직 오륙 세밖에 안 되는 아들도 있었다. 가족들이 너무 많으니 침실에서 혼자 식사하라며 별도 식탁을 마련해 주었다. 양고기, 주스, 쌀밥 등 푸짐하다. 음식들은 맛있고 정성이 들어 있었다. 그의 한 아들은 대학생인데 영어를 잘한다. 그러나 완벽하게 소통이 되는 것은 아니었다.

모스크에 가서 기도할 시간이 되었다고 머무르다 가라는 권유를 물리치고 나도 집을 나섰다. 서울의 남대문시장처럼 복잡하고 붐비던 산다가 시장도 오늘은 한가한 시골 장터 같다. 그러나 사람과 물건이 자취를 감춘 자리엔 온갖 쓰레기가 장사진을 이루고 있다. 시커먼 폐비닐 봉투들이 윤무를 그리면서 춤추고 있고, 온 시장 바닥은 쓰레기 더미로 덮여 있다.

어젯밤은 너무 더웠다. 아마 가장 더운 밤이 아니었나 하는 생각이 들었다. 혼자 생각한다. 그 수많은 양들이 그들은 이유도 모른 채 세상과 일시적으로 이별하면서 내뱉은 절규가 이 밤을 더욱 무덥고 숨 막히게 한 것은 아닐까 하고 말이다.

교육청자 초대를 받아 함께 음식을 나누고 있다.

급수 개통식

오늘은 급수 시설 개통식에 다녀왔다. 띠에스에 있는 유목지역 급수정 및 급수관 개통식이었다. 교통편이 여의치 않으면 셋플러스를 타고 다녀올 생각이었다. 그런데 KOICA 사무실에서 스타렉스에 동승할 수 있다고 해서 정종량 자문관과 함께 가게 되었다. 띠에스는 처음 가보는 곳이어서 몹시 기대가 되었다. 물론 물 개통식장으로 진입하는 도중에, 시내는 조금밖에 보지 못했지만 어려운 살림 모습을 여기저기서 볼 수 있었다. 그러나 시골로 가는 길이어서 그렇지 도심은 번화하리라 여겨졌다. 세네갈 제2의 도시기 때문이다.

한 평 남짓한 부띠끄(가게)가 수십 개 이어 붙어 장사하고 있다. 길가의 야채상들은 대개 수박, 자몽, 시트롱(유자), 바나나 등을 팔고 있었다. 시내에 비포장도로로 거의 30분을 가야 하는 곳이 행사장이어서, 셋플러스를 타고 왔더라면 실제로 접근이 불가능했을 곳이었다. 더구나 지리도 전혀 모르기 때문이다.

급수정 앞에는 한국기와 세네갈기가 게양되어 있다. 3십여 명의 중학교 여학생들이 도열하여 박수도 치며 노래와 율동으로 우리를 반긴다. 농촌진흥원에서 파견된 농업 현장 소장(KOPIS 소속)이 함께 와서 한참 동안 얘기를 나누었다. 지금은 프로젝트를 발굴 중인데 감자, 양파 등의 개량종자 생산 공장을 지을 계획이라고 한다. 거의 2시간을 기다리자 많은 차량들이 진입하기 시작했고, 이어서 행사가 시작되었다. 세네갈엔 물이 특히 중요해서 수자원 장관이 있다고 했다. 수자원 장관과 대사님의 인사에 이어 테이프 커팅, 발전기 시동 등이 있었다.

이곳이 본 행사장이 아니라고 한다. 꽤 먼 거리인 본 행사 기념식장으로 옮겼다. 기념식장은 마을 안에 준비되어 있었다. 식장은 5동의 대형 천막과 학생들과 주민 등 5백여 명이 모여 있었다. 모두가 노래와 율동으로 극진히 우리를 맞이했다.

내빈들의 인사말, 환영사, 축사 등이 이어졌는데 종교지도자, 시장, 부녀회장, 주민회장, 청년회장 등을 포함해서 열 명 이상이 등단하여 아주 긴 얘기를 했다. 마지막은 한국대사와 수자원 장관의 인사말과 축사로 마무리되었다.

주민들은 대사님께 독특한 삿갓과 세네갈 전통의상을 선물했고, 대사님은 그 더위 속에서도 직접 입어 고마움을 표했다. 장관에게는 흰색 전통 의복이 역시 증정되었다. 너무도 긴 연설과 너무도 많은 사람들이 기억에 새롭다. 천진난만한 아이들은 동양인을 자주 못 봐서 그런지, 가까이 와서 손도 잡고 얘기도 걸고 사진도 찍자고 한다.

오는 길에 자몽을 샀다. 크고 싸다. 1kg에 한 5백 세파 정도하는 것 같다. 바구니에 쌓아서 그냥 2천 세파에 팔기 때문이다. 한 바구니 더 사서 KOICA 사무실에 나눠 먹도록 부탁했다. 석양은 뉘엿뉘엿 지는데 노을을 배경으로 두 팔을 웅장하게 벌리고 서 있는 바오밥 나무를 많이 보았다. 우람하고 성스럽다. 바오밥 열매는 건조해서 그냥 먹기도 하고 각종 요리 재료로 이용되기도 한다. 또 바오밥 주스를 만들어 마시기도 한다. 달고 시원하고 영양가도 만점이다. 오는 도중에 차에서 내려 사진으로 바오밥의 추억을 한 장 남겼다.

올해 세네갈에서 KOICA 급수 시설은 12개가 완공되었다. 요즘 네 군데 개통식이 있다고 한다. 총 예산은 550만 달러고 따라서 한 곳에 설계비 등을 제외한 실시공비는 20만 달러 정도다.

이번에 개수식을 한 띠에스의 경우 만 2천 명의 주민과 2만 8천여 두의 가축 등 4만여 주민과 가축에게 물을 안정적으로 공급하게 된다. 인근 27개 부락에 공동 수도가 설치되었다. 집수정의 높이는 가까이서 보니 어마어마하게 높다. 그 높이가 25미터이고 백 톤의 물을 그 속에 저장하고 있다고 했다.

전에는 집마다 물 길러 갔다 오는데 4시간이 걸렸다고 했다. 이제는 집 앞에서 수돗물을 틀어서 사용하니 여성과 아이들에게 큰 도움이 된다고 했다. 여자들도 이제 어떤 직업에 전념할 수 있고, 아이들도 공부할 시간을 확보하게 되었다고 기뻐하고 있다. 가축들도 가까운 곳에서 풍부한 양질의 물을 공급받을 수 있어 기쁨이 얼마나 크겠는가!

나는 이 급수 시설이야 말로 천지개벽이라는 느낌이 들었다. 깊이 220미터 지하에서 퍼 올린 물은 깨끗하고 시원하다. 사실 세네갈의 사막 토양 지하에는 지하수가 강처럼 흐르고 있고, 한 시설에 50년은 걱정이 없다고 한다. 완공된 급수의 운영은 마을에서 자치적으로 한다. 운영비는 실비를 주민들이 부담하게 된다.

KOICA는 지금까지 세네갈에서 가치 창출이 돋보이는 많은 사업들을 해왔다. 2008년 개소 시 초청연수와 봉사단 파견에 주력하였으며, 2010년부터 2013년까지는 2건의 사업, 2014년에 농업 사업 2건을 진행하였다. 2015년에는 직업훈련 학교 건립과 식수 개발 사업을 진행할 예정이며, 주요 협력 분야는 농업농촌개발, 교육, 보건(식수 위생), 수산 등이다. 기존 농업(관개) 및 식수 위생 사업의 성공적 추진에 따라 후속 사업이 진행될 예정이며, 또한 현지 수요가 높은 고등교육 분야에서 새로운 협력 사업이 추진될 예정이다.

저녁 8시경에 다카르에 도착했다. 부산 식당으로 옮겨 소장님, 단장님, 관리 요원, 자문단 오랜만에 식사를 했다. 세네갈에서 생산되는 가젤 맥주가 시원하고 맛있다.

시공 책임자인 정 단장에게서 많은 것을 들었다. 그는 급수 사업을 위해 세네갈에서만 4년째 일하고 있다. 그사이에 집수정을 뚫어서 실패한 경우도 여러 번 있었다. 요즘 모든 것이 전자 전산화되어서 정확히 물이 있는 곳을 알 수 있지만, 잘못되는 경우도 있어서 결국 오랜 경험으로 시추를 해야 한다고 했다. 특히 이 일을 하려면 계속 사막, 산속을 헤매야 하고 사나흘씩 혼자 텐트를 지고 살아야 하는 일도 비일비재하다고 했다. 외로움과 고통과 실패를 견디어 내며 생명의 물을 찾아 공급하는 그의 능력과 지혜야말로 우리 KOICA가 정말로 필요한 것처럼 보였다.

인근의 초등학교에서 아이들과

유치원 살펴보기

아침 공기가 제법 서늘하다. 어제 저녁엔 처음으로 선풍기 없이 잠을 잤다. 서아프리카에서 그래도 가장 날씨가 좋다는 다카르의 은혜를 누리는 것 같다.

어제는 처음으로 유치원을 방문했다. 3학급이다. 3세, 4세, 5세 학급이 편성되어 있다. 6명의 보조 교사와 3명의 담임교사가 있다. 원장선생님은 15년 교사 경력이 있는 베테랑으로 영어로 어느 정도 소통이 가능했다. 참관한 학급은 35명 정원의 5세 학급이었다.

아이들은 잠도 자고, 장난도 치고, 선 긋기도 하고, 율동도 했다. 학급 안에 교사 집무 공간, 자료실, 도구실 등이 함께 있다. 다음부터는 기관을 방문할 때 작은 선물을 준비해야 할 것 같다.

유치원 운영 현황과 교사 자격 유무, 교사 연수, 교육 과정 운영 등을 문의해 보았다. 대학을 졸업하면 교사 자격증을 받을 수 있고, 고등학교 졸업 후 3년 정도 실습을 해도 자격증이 부여된다고 한다. 교사 연수는 특별히 없고 6개월 또는 1년에 한번 세미나나 회의 등을 하면서 중간에 30분 또는 한 시간 정도 교육을 받는다고 한다. 아마 정보 전달 정도지, 연수는 없는 듯한 분위기다. 이 유치원에서는 아이들을 위한 급식은 없고, 간식은 각자 집에서 준비해 와서 먹는다. 가로세로 15센티쯤 되어 보이는 1인용 흑판에 선 긋기를 하고 있다. 연필, 종이 등은 없다.

그제 Grand Plateau 교육청을 방문해 교육장과 장학사들과 인사도 하고 교육 현황도 청취했다. 교육장은 교육 현황을 자세히 자신감이 넘치게 설명했다.

인근의 유치원도 방문했다. 유치원장은 한국의 교육에 대해서 많이 알고 있었고 대단히 훌륭하고 배울 점이 너무 많다고 얘기했다. 그리고 자기 컴퓨터로 나를 데리고 가더니만 동영상을 하나 보여주었다. 한국의 초 · 중 · 고등학생들의 공부하는 모습과 부모님의 교육 투자, 학생들의 일상생활 등을 담은 30분 분량의 동영상이었다.

프랑스 국영 방송에서 방영했던 것인데, 특히 초등학생들이 군에 입영하여 군복을 입고 훈련을 받는 모습도 있었다. 한국의 학생들은 불쌍해 보이지만 오늘의 한국은 이런 교육 열정에서 오는 것 같다고 말한다. 나도 그 파일을 복사했다. 나는 덧붙여 PISA에서의 세계 최정상의 한국 학생들의 성취도, 60년 전 인도 다음으로 가난했던 한국이 세계 경제 10위권으로 올라온 내용 등을 설명해 주었다.

세네갈을 위해 많은 공여국은 교육 분야에서 대부분을 기초 교육에 지원해 왔다. 중학교 건립이나 대통령 이니셔티브 중 하나인 STEM(Science, Technology, Engineering, Mathematics)으로 과학 · 기술 · 엔지니어링 · 수학 부문을 중점적으로 지원하였다. 특히 USAID는 초등학생 수학 및 독해 개선을 위한 프로그램(Partenariat pour l'Amélioration de la Lecture et des Mathématiques; PALME)을 지원 중이며, JICA는 수학, 과학, 기술 교육을 위한 프로그램(Projet de Renforcement de l'nseignement des Mathématiques, des Sciences et de la Technologie; PREMST)으로 초등교육부터 전문 직업까지 이어지는 수학 및 기술 교육 개선을 지원하고 있다.

통상적으로 기초 교육 중심의 지원이 이루어져 고등학교까지만 학생이 과잉 공급되는 문제점이 있다. 고등교육에 대한 지원은 아직 미미한 실정이며, 고등교육 관련 분야별 작업 그룹도 아직 수립되지 않은 상태이나, 사이버대학 지역학습관(ENO) 사업 시행에 따라 AFD, World Bank 등 다수의 기관이 지원할 예정이다. 또한 직업 훈련 관련 지원도 직업전문대학(ISEP) 사업으로 활발해질 전망이다. 그러나 유아 교육, 유치원 교육 등은 아직 초기 투자 지원 단계로 많은 공여국들의 관심과 지원이 절실하다.

모래 더미인 운동장에 큰 바오밥 나무가 서 있다. 사진도 한 장 남겼다. 수형은 엉성했지만 세네갈 상징의 나무다.

SOS 유치원에서

유치원 교사와 아이들

난방초 키우기

출근길에 제주도의 나팔꽃, 또는 고구마 꽃 같은 화초를 많이 본다. 색깔이 희기도 하고 약간 푸른빛을 띠기도 한다. 변종인 검은색도 한 번 본 적이 있다. 길가에 아무렇게나 피는 가장 흔한 꽃이다.

덥고 삭막한 집에서 한 그루 심어 키우고 싶었다. 며칠 전에 미리 화분과 화분 물받이를 사왔다. 화분은 2천 세파에 물받이 도자기 접시는 천 세파를 주었다. 퇴근하면서 길가에 있는 꽃 하나를 뽑아 왔다. 아파트 앞 도랑에서 흙을 파다 꽃을 심었다. 심은 지 사흘이 지났는데도 계속 시들고 있다. 물을 많이 줘도 회복될 기미가 안 보인다. 아무래도 자기가 태어나서 성장한 태생 환경과 너무 달라졌기 때문일 것이다. 좋은 흙과 충분한 물도 자기 고향만 못한가 보다.

나는 가끔 지금의 나를 생각해 본다. 나는 지금 여기에서 무엇을 하고 있는 것일까? 친구도 가족도 형제도 없이 또 살갑게 대해 주는 이웃도 없이 나는 무엇을 하고 있는 것일까 하고. 그러고 보니 나도 저 꽃처럼 고향을 떠나 서서히 말라 시들어지는 것은 아닐까 하고. 빨리 적응하여 뿌리를 내리고 잘 버티고 꽃도 피워야 하는데 말이다.

아침에 듣는 성가는 성스럽고 아름답고 평화롭고 은혜롭다. 성가는 아름답고 성스러운 기도다. 이곳 성당의 성가는 특히 아름답다. 대부분 모르는 노래들이다. 그러나 가끔 그레고리안 성가도 하고 세계 공통의 성가도 부른다. 가사는 알 수 없지만 멜로디는 익숙하므로 입안을 맴돈다. 특히 성가대가 고음으로 부르는 영적인 음성은 천국 가까이 온 착각을 하게 된다. 평일 미사 때는 대부분 반주가 없다. 누군가 선창하면 따라 부른다. 또 성가 책도 없다. 서로 익혀서 부르는 것이다. 우리도 1960년대 내가 초등학교 때는 성가 책이 몹시 귀했던 것으로 생각된다. 그 시절 우리와 같다고나 할까?

이슬람의 설날

오늘은 이슬람력으로 새해가 시작되는 즉 1월 1일에 해당되는 날이다. 물론 공휴일이다. 어제 아파트 앞길에 대형 천막이 쳐지고 잘 차려입은 남녀 어르신 수백 명이 모여 긴 인사를 서로 나누는 모습을 보았다. 나는 프랑스 문화원으로 가면서 지나치며 잠시 보았다. 길 양쪽으로 사람들이 앉아 있었고 나는 가운데로 지나가면서 인사도 하고 악수도 나누었다.

아침에는 이곳 새해 미사에 참례하려고 일찍 준비하고 7시쯤에 집을 나섰다. 7시 30분에 아침 미사가 있기 때문이다. 그런데 성당 정문에서 어떤 남자가 나에게 '사바' 하면서 인사를 건넨다. 몇 번 거리에서 나에게 반갑게 인사를 건네는 분이다. 그런데 너무 당황해서 인사도 못 받아주었다. 정문에서 몇몇 사람들이 나오고 있었다. 그리고 성당 문을 걸어 잠그고 있었다. 안내판을 보니 평일 아침 미사는 6시 30분이었다. 나는 일요일처럼 7시 30분인 줄 알고 왔었던 것이다. 벌써 미사 시간을 잘못 기억하여 실수한 것이 두 번째이다. 이곳에서는 새해를 특별히 지내지 않기 때문이다. 저녁 미사에 참석해야겠다.

미사 가는 길에 보니 어떤 여자 분이 길을 가는데 탈리베 아이들이 손을 내민다. 헤아려 보니 11명이다. 그녀가 가다 멈춰서 지갑을 연다. 주변에 있던 다른 아이들 두세 명이 또 달려온다. 새해 첫날은 선행의 특별한 의미가 있어 보인다. 그러나 구걸하는 거리의 아이들을 언제까지나 종교적인 핑계로 정부에서 방치하는 것이 적절한지 심각하게 생각해 볼 필요가 있다.

지난 토요일에 미사를 마치고 집으로 돌아오는데 깜깜한 건물 모퉁이에 깡통을 옆에 두고 깊은 잠에 빠진 두 명의 아이들이 보였다. 벗은 발, 한없이 찢겨진 옷, 그냥 모래 더미를 베고 있는 까만 머리들이 보였다. 아주 깊은 잠에 빠져 있었다. 모기, 파리 등 벌레들이 무방비 상태인 그들을 공격하고 있었다.

이것이 말라부에게는 교육의 방법이고 출세의 방편이라는 것은 쉽게 이해되지 않는 점들이 많다. 그들은 아이들의 구걸로 호의호식을 하고 있는지 모르지만 아이들은 무슨 죄인가? 부모도 아이들을 부양 교육할 능력이 없으면 위탁이라는 이름으로 아이들을 방치한다고 한다. 시간이 흐르면 그들이 점점 위치가 높아져 승진도 하고 부도 쌓게 되고 존경받는 지도자로 성장한다고 한다. 일종의 도제제도인 것 같다.

세네갈은 사하라이남 아프리카에서 가장 빈곤한 국가 중 하나로 2013년 기준 1인당 국민총소득은 2,169달러이며 소득의 불균형이 심하다. 하루 소득 1.25달러 이하인 인구는 총 인구 대비 29.6%이다.

세네갈의 인간개발지수(Human Development Index : HDI)는 2013년 기준으로 0.485로서 185개 국가 중 163위를 차지하여 가장 낮은 그룹에 속한다. 2013년 기준 세네갈의 평균 수명은 63.5세, 영아 사망률은 천 명당

69명이다. 이처럼 높은 영아 사망률은 말라리아, 미숙아, 급성 호흡기 감염, 출산 질식 등이 주요 원인인 것으로 조사되었다.

우리 한국도 한국전쟁 후에 얼마나 많은 고아들이 많았고 또 선진국 또는 국가의 도움으로 그들이 나중에 많은 것들을 이루게 되었는가? 내가 초등학교 중학교에 다닐 때만 해도 고아원 아이들이 꽤나 많았었다.

어제는 프랑스 문화원에서 중간고사를 봤다. 이 나이에 다시 시험을 본다는 것은 아무래도 이상하다. 그러나 공부에는 끝이 없는 것이니, 꽤나 가치 있는 일이라 생각한다. 내가 최고령자이다. 부담 없이 보았으나 마음속으로는 꼴찌는 하지 말아야지 하는 생각이 들었다. 우리 아이들이 자주 쓰는 '그럭저럭' 만큼 보았다.

유치원에서 협력학습 활동

자이카(JICA)의 아끼꼬

다카르 시내에 있는 유치원을 방문했다. 3세 학급이 하나, 사오 세 학급은 합쳐서 하나, 즉 두 개의 학급을 지닌 유치원이었다. 또 여섯 학급짜리 초등학교가 병설되어 있었다. 아니 초등학교 병설 유치원이라 해야 옳을 것 같다.

이곳 학제는 꼭 같지는 않지만 초등학교 6년, 중학교 4년, 고등학교 3년으로 우리보다 1년이 더 길다. 칠판은 마치 돌처럼 고운 시멘트로 만들었는데 아주 오래 사용하다 보니 많이 훼손되고 망가져서 쓰기에 불편할 수밖에 없다. 또 분필로 써도 그냥 지워지지가 않기 때문에 물로 지운다. 그래서 칠판 옆에는 양동이와 걸레가 있다.

수업 시간 중임에도 교사들은 밖에서 모여서 한참씩 이야기를 나누고 있고 어떤 선생님들은 아침 식사를 하기에 바쁘다. 그러나 아이들은 얌전하게 앉아 수업에 열중한다. 무척 착해 보인다.

또 쉬는 시간에 보니까 이곳 아이들이 쓰레기를 줍고 있다. 좀처럼 보기 힘든 광경이다. 교육이 잘되어 있어 보인다. 가까운 곳에 프랑스문화원도 있고, 껄멜시장도 있고, 대형마트인 카지노도 보인다.

나는 오늘 일본인 봉사단원 아끼꼬와 동행했다. 내가 몇 개월 고참이어서 그녀에게 주변 시설들을 설명해 주고 안내도 해주었다. 카지노에는 잠시 들러 살 물건을 살펴보았다. 나는 요즘 날씨가 추워 이불을 하나 구입해야 하는데 지난번에 한번 들러서 보아 두었던 담요 코너로 가 보았다. 그런데 이불이 치워져 있었다. 아마 안 팔려서 치웠는지 아니면 모두 누가 사갔는지 모르겠다.

마침 집 가까이 가는 DDD 버스가 오고 있다. 150프랑이다. 너무 싸다. 택시비는 2천 세파인데. 유치원으로 올 때 처음으로 택시비 영수증을 기사에게 요구해 보았다. 아주 불편한 표정이고 기록해야 하는 칸이 너무 많아, 나도 미안했다. 결국 2백 세파를 더 주었다.

저녁때는 프랑스 문화원에 가서 다시 수업을 받았다. 대부분 나보다 잘하는 것 같다. 더구나 너무 희미한 조명에 글이 잘 보이지 않는다. 교재는 칼라로 인쇄된 프랑스 제품인데, 너무 작은 글자로 인쇄되어 읽기가 어렵다. 노안이 심해지는 것이 아닌지 모르겠다. 그러나 나는 안경 쓰기를 너무 싫어하니 그것이 문제다. 뭔가 착용해서 불편해지는 것을 못 견딘다.

프랑스어는 어려운 언어다. 우선 발음이 힘들고, 따라서 듣기가 힘들다. 또 동사 변화, 명사의 성별 구별이 어렵다. 우리가 보기에는 전혀 불필요한 것이다. 또 악상 등 이상한 부호가 붙은 철자가 많다. 이 이상하고 불편한 철자 등도 영어처럼 단순하게 바꾸어야 한다. 우리말도 마찬가지다. 한글도 옛날에는 아래아, 반모음 등을 사용했으나 굳이 필요가 없어서 다 없애고, 결국 28자가 24자로 변했다. 프랑스어도 언어 개혁이 필요하다.

내 생각으로는 세네갈의 공용어에 대한 개혁이 필요하다고 여겨진다. 왜냐하면 실제 프랑스어를 이야기하고 이해하는 인구 비율이 높지 않기 때문이다. 세네갈은 세네갈 고유의 언어가 있다.

세네갈의 민족 구성과 언어를 살펴볼 필요가 있다. 세네갈 민족은 월로프(Wolof), 풀라(Pulaar), 세레르(Serer), 디올라(Diola), 만딩카(Mandinka) 등으로 구성되어 있으며, 구성비는 월로프족이 43.3%, 풀라족이 23.8%, 세레르족이 14.7%, 디올라족이 2.7%, 만딩카족이 3%, 소닌케족이 1.1%, 유럽과 레바논계 민족이 1%, 기타 종족이 9.4%이다.

세네갈인은 민족과 무관하게 집안 간 우애를 중요시하며, '환대'라는 뜻의 테랑가(teranga) 정서가 깊게 배어 있다. 수도 다카르에서는 월로프어가 많이 쓰이며 풀라족, 투클로르(Toucouleur)족은 풀라(Pulaar)어를 쓰며, 세레르족은 세레르어와 칸긴(Cangin)어를 사용한다. 카자망스(Casamance) 지역의 수도인 지긴쇼르(Ziguinchor)주에서는 기니비사우나 카보베르데에서 쓰이는 포르투갈어가 사용된다.

월로프어를 공용어로 인정하고 표기를 표준화하여, 모든 공공기관, 공문서에서 궁극적으로 프랑스어와 더불어 병기, 병행하여 사용하는 정책이 필요하지 않을까 생각된다.

노예의 슬픔 고레섬

3부

3

신령한 바오밥

오늘 바오밥 나무 분재를 하나 샀다. KOICA 사무실에 들렀다가 걸어서 오는데 마침 꽃집이 있었고, 그곳에서 샀다. 이상윤 박사가 나에게 오는 길에 보았다며 가보자고 해서 알게 되었다.

전에 내가 바오밥 나무에 대해서 설명하면서, 그 위대함에 대하여 감탄하자 그는 껄멜 시장에서도 가끔 보이는데 싸게 살 수 있다고 했다. 나는 가끔 그곳에 들리면서 유심히 보았지만 눈에 띄지 않았다. 주인이 8천 세파 부르는 것을 5천 세파에 샀다. 너무 무거워 택시를 이용했다. 나는 꽃이 한 송이 피어 있는 것을 선택했다. 최근 쇼핑 목록 중에서 가장 마음에 든다. 봉우리들이 여러 개 있으니 나머지도 금방 개화할 것처럼 보인다. 이곳에서는 특별한 사건과 이벤트가 없으니 내게는 아주 특별한 일일 수밖에 없다. 꽃은 5센티 정도이고 연분홍 꽃잎이 대여섯 개 펼쳐 있다. 향기는 없다.

그러나 바오밥은 종류가 많고 크기도 다양하다. 이것은 분재용으로 열매를 맺지 않는다. 큰 바오밥은 꽃이 큰 어른 주먹만 하고 향기도 아주 짙고 열매는 큰 것은 어린아이 머리만 하다. 열매에 있는 가루는 시큼하면서 달아서 여러 가지 음식 재료로 쓰이기도 하고, 어린이들이 들고 다니면서 파먹는 모습도 쉽게 볼 수 있다.

생텍쥐페리의 《어린 왕자》에 등장하는 나무다. 그가 세네갈에 머물면서 이 동화를 썼다는 얘기도 있다. 신비의 나무고 사막에 살지만 엄청난 크기다.

큰 바오밥은 속이 비어 있다. 옛날에는 껍질을 파고 조상이나 가족을 대대로 매장하기도 했다고 한다. 부인이 죽으면 합장하기도 하는데, 세월이 많이 흘러 나무가 죽은 후에 살펴보면 엄청난 부장품이 가끔씩 발견되기도 한다. 최근엔 세네갈에서 이 살아있는 바오밥 나무속을 파고 객실을 만들어 숙소로 제공하는 호텔도 있다고 하니 신비의 나무다.

구입한 나무도 키는 작지만 뿌리가 아주 크고 견실하다. KOICA 사무실에도 하나 사서 주어야겠다. 자주 물을 주어도 되는지 모르겠다. 한국에서도 내 성미가 물을 많이 주는 성격이라서 그렇다. 외출 후에도 바라보고 한밤중에도 깨어서 한참 바라보았다. 이 집 안의 유일한 생물(生物)이기 때문이다.

© Bernard Gagnon

어떤 나팔꽃

지난주는 기쁜 일도 언짢은 일도 있었다. 언짢은 일은 지난번에 화분을 사다 심은 유사 나팔꽃은 물을 많이 주고 위치를 바꾸어 보는 등 나름 정성을 들였지만 결국 죽고 말았다. 괜히 야생 상태로 두면 잘 자라고 예쁜 꽃을 피울 꽃을 옮겨 심어 명을 재촉하여 양심의 가책이 컸다.

다시 길가에 있는 한 그루를 옮겨 심었다. 눈여겨 봐 두었던 것으로 바로 길가에 있어서 밟히고 세파를 겪었는지 조금은 밑동이 찢기고 말라 있었다. 그래선지 이 꽃도 처음에는 잎이 마르고 거의 다 죽은 상태로 변했다. 내 생각엔 이 꽃은 원래 자연 상태로 두어야지, 옮겨 심으면 바로 죽어 버리는 속성을 갖고 있지 않나 하는 생각이 들었다. 그래서 공터 이곳저곳에 지천으로 피고 있는 것이라는 생각이 들었다.

그런데 오늘 아침 살펴보니 잎과 줄기가 기지개를 펴고 있는 것이 아닌가? 그사이에 쌀뜨물도 주고 정성을 들이긴 했다. 70% 정도는 원래의 기운을 차린 것 같다. 또 바오밥도 세 번째 꽃을 피뜨렸다. 역시 작은 분재지만 기품과 아름다움, 우아함을 모두 품고 있다.

어제는 수녀님들이 경영하는 가톨릭 재단 학교를 방문했다. 유치원과 초등학교가 한 구내에 있다. 외관상 교육 환경과 시설은 아주 훌륭해 보였다. 마침 쉬는 시간이라 유치원생, 초등학생 모두가 운동장으로 나와 함성을 지르고 뛰놀며 서로 엉키고 넘어지고 즐겁게 지내고 있었다.

그런데 유치원장이 출장가고 없었다. 미리 전화를 했는데 오라고 해서 갔는데 조금 마음이 불편했다. 초등학교 교장 수녀님이 대신 마중 나오고 운영에 대한 얘기를 나누었다. 그분도 영어가 서툴러서 영어 통역을 할 수녀님을 모셔 왔다.

교장은 흑인인데 그녀는 백인이었다. 표정이 영 언짢아 보였다. 몇 마디 하다 나는 교장에게 가져간 간단한 서식에 몇 가지 사항을 적어 달라고 부탁했다. 학교 명칭, 학급 수 등 기본적인 내용이다. 교장은 그녀에게 작성하라고 했다. 그런데 그녀는 옆에 있는 다른 방으로 들어가더니만 내용은 알고 있지만 적는 것은 못하겠다고 한다. 얘기해 주면 내가 대신 적겠다고 했으나 알고 있지만 들려줄 수 없다고 한다. 아마 원장이 없으니 책임 있게 말할 수 없다는 마음인지 모르겠으나 당황하지 않을 수 없었다.

나도 천주교 신자여서 미리 그런 내용도 알리고 무척 친근하게 일이 잘 진행되리라 생각되었는데, 난처한 경험을 하게 되었다. 어쨌든 이곳에서의 관찰은 여의치 않아 빨리 나왔다. 이런 느낌을 갖게 된 것은 이곳이 처음이고, 소위 문전박대를 받은 인상을 지울 수 없었다. 백인의 흑인과 황색인에 대한 편견이 아닌가 하는 생각이 들기도 했다.

우리 같으면 외국인은 어떤 분이든 최선을 다해 가능한 도움을 주려고 노력하지 않는가? 물 한잔 대접은 못할망정 이상한 논리로 협조하지 않으니 이해가 안 되었다. 이 일로 하루 종일 마음이 언짢았다. 나의 접근 방식이 잘못되었을 수도 있다. 내가 더 친절하고 더 신중하지 못한 점들이 있었으리라 반성해 본다. 고린도전서 13장이 생각났다. '사랑은 친절하고 인내한다'라는 말이 새삼 몇 차례 떠올랐다. 사랑 그것은 우선 친절하고 참는 것에서 시작된다.

어제는 프랑스 문화원에서 마지막 시험이 있는 날이었다. 그런데 시작을 늦게 하더니, 시험도 연기해 버린다. 월요일에 한다고 한다. 참으로 이해할 수 없는 일이다. 프랑스에서 운영하는 곳인데 이틀 전에 예고했던 시험을 당일에 갑자기 연기하다니 말이다.

한국 문화의 날

오늘은 한국 문화의 날 행사가 있었다. 9시에 ISM(International Schoool of Management) 대학에 도착하여 행사에 참여했다. 이 행사는 단원들이 주도한다. 올해는 띠에스에 컴퓨터 단원으로 일하는 임아람 단원이 수고를 도맡아서 했다. 그녀는 천주교 신자이기도 하고 띠에스 수녀원 구내에 산다고 했다. 그래서 전에 내가 미사통상문 불어판을 파일로 보내달라고 부탁하기도 했었다.

우리 봉사단원들을 대여섯 개 분과로 나누어 준비하고, 직접 행사에 참여 활동했다. 부서는 한복 입어 보기 코너, 서예 경험 코너, 팽이치기, 제기 차기, 페이스 드로잉, 음식 코너 등이다. 인근에 다카르대학이 있고, 또 ISM 대학을 빌려서 하니까 대학생들이 많이 참여했다. 일본 봉사단(JICA)을 비롯한 외국인들도 많이 찾아왔다. 김유나 단원은 자기가 지도하는 유치원생 2십여 명을 데리고 와서, 싸이의 〈강남 스타일〉 율동을 공연했다. 삼사 세 아이들이 앙증맞게 춤을 잘 춘다.

나는 붓글씨 담당이다. 이득규 선생과 김누리 단원이 도왔다. 궁서와 예서체로 주로 현지인들의 이름을 써 주었다. 예전에 조금 익혔던 서예가 이렇게 요긴하게 능력을 발휘할 줄은 꿈에도 몰랐다. 내년에도 한다

한국 문화의 날 현지인의 태권도 시범

한국 문화의 날 행사

면 한지에 KOICA 낙관을 미리 인쇄해서 사용하면 더욱 돋보일 것이다.

음식 코너에는 김밥, 잡채, 불고기 등이 준비되었는데, 인기 폭발이다. 역시 한국 음식 세계를 제패할 날이 올 것 같은 느낌이 든다.

전국 대부분의 단원들이 힘들게 다카르까지 오고 철저히 준비도 해서 아주 성공적으로 행사를 마칠 수 있었다. 세네갈 젊은이들에게 한국의 진면목을 조금 보여줄 수 있는 기회가 되었다. 행사가 끝나고 유숙소에 모여 간단한 다과를 들면서 한국의 날 행사를 평가했다. 다음 해는 어떻게 할까 누구 담당할까 등을 함께 걱정했다.

세네갈의 젊은이

금주는 바쁘고 또 조금은 행복한 한 주가 될 것 같다. 지난 2일 화요일에는 세네갈에 있는 한국 연수단 동창회 주최로 즉 ALASCO 세미나가 있었다. 킹파드 호텔이 장소다. 다카르의 가장 좋은 호텔 중의 하나다.

나는 발제 발표자로 선정되었다. 거의 3주 동안 발표 원고 작성, 파워포인트 작성, 원고 번역 등 바쁘게 지냈다. 원고는 영어로 발표하고 프랑스어 번역도 해서 배부했다. 또한 파워포인트는 프랑스어로 작성했다. KOICA 사무실에서 도움을 주었다.

주제는 '성공적인 한국의 교육'이다. 30분 정도 발표를 하고 나중에 질의응답을 했다. 너무도 많은 회원들이 질문을 했다. 누구나 관심을 갖는 것이 교육이고 또 자녀들을 두고 있으니 질문이 쏟아질 수밖에 없다. 주요한 질문은 외국어 교육이 왜 필요한지, 가난을 극복하기 위한 교육은 어떻게 이루어져야 하는지, 한국 학생들에 대한 정부의 학비 지원은 어떠한지, 한국의 발전에 교육이 어떤 역할을 했는지 등이었다. 답변이 길어지자 사회자는 이제 멈춰야 하겠다고 양해를 구했다.

회의가 끝나고 식사가 있었다. 뷔페식이다. 오랜만에 맛있는 음식을 맛볼 수 있었고 또 강사료로 2만 세파의 전화 카드를 받았으니 당분간

세네갈의 미래를 짊어진 젊은 엘리트들을 위한 기조 강연

세네갈의 미래, 젊은이들과 함께

전화 카드는 사지 않아도 될 것 같다. 한국에서라면 턱없는 강사료이지만 감지덕지할 뿐이다. 이 호텔에서 29일에서 30일까지는 세네갈의 프랑코포니(Francophonie)가 이곳에서 열린다고 한다. 프랑스어를 모국어나 공용어로 사용하는 국가들의 연례 모임이다. 영어를 사용하고 영국의 지배를 받았던 국가들의 모임인 영연방회의와 비슷한 모임이다.

ALASCO 회원들은 젊고 뛰어난 세네갈 요직 관리들의 모임이라고 할 수 있다. 그들은 엄격하게 선발되어 한국에서 연수를 받거나 한국에서 석사 등의 학위를 얻은 젊은 엘리트들의 모임으로 지금도 국가에서 중추적인 역할을 하고 있을 뿐만 아니라 미래의 세네갈 지도자들이라고 할 수 있다.

이 모임에도 약간의 문제가 있어 보였다. 동창회 운영의 모든 경비를 KOICA에서 지원하고 있다는 점이다. 연수 비용을 KOICA에서 전액 지원하는 것은 당연한 일이다. 그러나 연수 후 생겨난 자생 모임에까지 계속 경비를 대는 것은 옳지 않아 보인다. 이제는 그들 스스로 회비를 거출하여 모임도 운영하고 뜻있는 세미나도 개최하고 하는 것이 바람직하지 않을까 생각한다.

여기서 국제 사회의 세네갈 정부 지원 내용을 살펴보자. 최근 10년간의 세네갈 ODA는 평균 10억 달러 내외로 이루어졌으며, 2006년 총 32억 달러의 대규모 부채탕감 지원이 있었다. 세네갈의 분야별 ODA 지원 현황은 교육 · 보건 · 식수위생 등 사회 인프라 및 서비스 분야가 44%를 차지하며, 경제 인프라 및 서비스 분야가 16%, 이어 프로그램 지원(13%), 생산 분야(12%), 범분야(9%), 인도적 지원(3%)등 다양한 분야로의 ODA가 지원되었다. 형태별로는, 예산 지원이 18.32%, 프로젝트가 65.41%였다. 공여주체 중 프랑스, 스페인, EU, AfDB(AFDF)는 일반 예산 지원을, 캐나다, 네덜란드, World Bank(IDA), EU는 섹터 예산 지원을 하였다. 예산 지원 상위국은 프랑스로서 전체 예산 지원 금액 중 34.56%를 지원하였고, 프로젝트 사업은 미국이 비중이 26.79%를 차지하였다.

조금 힘든 얘기가 될지 모르지만 나는 가끔 동료들과 얘기한다. 세네갈도 수원국 원조 제로 계획을 작성하여 추진해야 미래가 있는 것이 아니냐고.

작년에는 30명 정도밖에 참석하지 않았다고 하는데, 올해는 90명 정도 참석하여 대성황을 이루었다. 배윤정 관리 선생이 집까지 태워다 주어 편한 귀로가 되었다.

예쁜 단원의 슬픈 상처

최동선 시니어 단원의 현장 사업 개소식에 참여했다. 나도 작은 역할을 맡았다. 학교 주변 정화 활동이다. 최 선생님은 한국에서 사립 고등학교 수학 교사를 하다 정년을 5년 앞두고 명예퇴직을 했다. 그리고 이곳에 시니어 봉사단원으로 일하고 계시다.

나는 한국에서 KOICA 파견 연수를 받으면서 세네갈에 대해서 알아보려고 인터넷을 검색을 한 적이 있었다. 그런데 인터넷에 공개된 자료 중에 최 선생 가족과 세네갈 파견 내용들이 사진과 함께 여러 장 실려 있어서 그를 알게 되었다. 그분의 딸이 올린 글과 사진들로 가족사진 등이 있었다. 아버지의 용기 있는 모습과 건강과 퇴직 후의 새로운 일터에 대한 희망과 기대 등이 단란한 가족사진과 함께 올려 있었던 것으로 기억한다. 딸은 호주에 살고 있는데 아버지에 대한 사랑이 애틋해 보였다.

최 선생님은 지난달에 유럽 여행을 다녀왔는데 사모님이 한국에서 파리로 오고 파리에서 만나 오붓한 휴가를 보냈다고 했다. 그 부부 여행의 모든 스케줄을 10분 단위로 딸이 책자로 만들어서 보내주었다고 했다. 주변에서 선생님을 장로님이라고 부르는 것으로 보아 독실한 기독교 신도 같다.

중고등학교가 함께 운영되는 학교는 규모가 500평 정도다. 아주 협소하다. 학생 수는 6백 명 정도 되는 것 같다. 주변을 돌아가면서 건물이 세워져 있고 가운데는 운동장이다.

그런데 이 가운데 운동장이 원래 모래 더미였다고 한다. 쉬는 시간이면 아이들은 이 좁은 모래 운동장에서 놀다 교실로 들어오는데 교실이 이번에는 온통 모래로 뒤덮인다는 것이다. 아이들이 신발 옷에 묻혀 들어오기 때문이다. 또 바람이라도 불면 학교 전체가 모래 먼지로 뒤덮여 숨도 제대로 쉬기 어려웠다고 했다.

최 선생님은 현장 사업으로 모래 운동장을 타일로 덮고 또 패인 교실도 일부 바닥 공사 후 타일로 덮었다. 또 컴퓨터 등을 사들여 교실 현대화도 해냈다. 그러나 주변이 워낙 지저분하고 또 청소도 하지 않으니 오늘 주변 정화 활동을 하게 된 것이다.

개소식의 특이한 점은 학생회장이 제일 먼저 축하 인사를 했던 점이다. 학생들 잘 대접하는 일이 세네갈 학교 문화라고 한다. 유종화 부소장이 KOICA 대표로 참석했다. 부소장은 아직 20대로 젊고 예쁘고 유능하고 마음이 아주 착한 분이다. 프랑스어를 전공해서 인사말도 불어로 했다. 식이 끝난 후 인근 식당에서 쩨부젠을 함께 먹었다. 생선 비빔밥과 같다 할 수 있다. 음료수는 토닉을 마셨는데, 토닉이 가장 안전하고 건강에 좋은 음료수라고 한다. 참여한 KOICA 단원은 2십여 명 되었다.

그중에 키도 크고 예쁜 김혜란 단원도 참석했다. 그녀는 오지 못할 것이라고 생각했는데 의외다. 왜냐하면 그녀는 큰 교통사고를 당했기 때문이다.

그녀의 설명에 의하면 두 달 전에 오토바이를 타고 퇴근을 하고 있었다. 지방에는 버스나 택시가 없기 때문에 출퇴근에 보통 오토바이를 이용하고 이를 오토바이 택시라고 부른다. 오토바이 뒤에 타고 가다가 오토바이가 전복되었다. 운전자도 많이 다치고 그녀도 심한 찰과상을 입고 도랑에 쓰러졌다. 그런데 운전자는 그녀를 돌볼 생각도 않고 절뚝거리며 일어서서 오토바이를 끌고 도망쳐 버렸다. 그녀는 거의 정신을 잃은 상태에서 고통스러워하고 있는데 사람들은 몰려들어 구경만 할 뿐 아무도 도와주는 사람이 없었다. 그런데 마침 그곳을 지나가던 사무소장이 그녀를 발견하고 병원으로 이송했다고 했다.

그녀의 팔과 손에는 푸른 흉터가 아직도 선명했다. 아직 완전히 치료가 되지 않은 것이다. 한국에 돌아간 후에 성형 수술이 받아야 할 것 같다. 그녀는 외모가 수려하고 키도 크다. 얼굴은 조금 까무잡잡하지만 빼어난 미모를 자랑한다. 그녀의 동기는 십여 명이 왔었는데 모두 조기 귀국하고 현재 혼자 남아 있다. 용기 있고 책임감이 강한 봉사단원이다.

오랜만에 단원들과 얘기도 하고 식사도 하니 기분이 들뜬다. 저녁에는 프랑스 문화원 강좌에 참석했다. 오늘은 인터넷으로 평가 프로그램을 보면서 평가를 받았다. 읽기 쓰기 말하기 등은 어느 정도 되는데 듣기가 안 된다. 좀 더 노력해야겠다.

마갈 뚜바

오늘은 마갈 뚜바(Magal Touba)라고 하는 공휴일이다. 독립투사이고 전 국민이 성인처럼 존경하는 '아마두 밤바'라는 분을 모시고 있는 뚜바의 대사원 모스크를 방문하는 것이 가장 큰 행사이다.

세네갈 이슬람의 대표적인 4개의 종파 중 가장 큰 종파로 약 400만 명에 달하는 '무리'가 성지순례를 위해서 세네갈 내에 있는 뚜바라는 도시로 대 이동을 한다. 많은 인구가 움직이다 보니 전국의 모든 기관이 마갈 뚜바의 앞뒤를 포함해서 몇 일간 쉬고 사람들은 모든 교통수단을 이용해서 뚜바를 향해 이동하기 때문에 주유소에 기름이 다 떨어지는 사태도 일어난다. 또 낡은 버스나 트럭 위에 아슬아슬하고 위험하게 수많은 사람들이 올라타서 이동하는 광경도 볼 수 있다. 각 이동 거점에는 음식을 판매하기 위해서 많은 상인들이 모여든다. 뚜바에 이동해서는 마라부가 제공하는 소를 잡아먹고 또 많은 돈을 헌금한다고 한다.

세네갈 이슬람은 특이하게 모하메드(이슬람의 창시자)보다 오히려 마라부(코란, 경전을 가르치는 사람)을 더 믿고 따른다. 무리 종파가 믿는 마라부는 '아마두 밤바(Shaikh Aamadu Bàmba Mbàkke)'라는 사람으로 프랑스 식민지 시절에 바다 위에 서서 기도를 했다는 전설이 있어 사람들이 그것을 믿고 이렇게 많이 따른다고 한다. 실제로 온 세네갈에 벽화와 스티커, 목걸이, 사진을 걸어둔 것에서도 사회, 문화, 경제, 정치에 걸친 그 영향력을 확인할 수 있다.

세네갈은 이슬람과 마라부를 빼고는 이야기 할 수 없는 나라다. 전 국민이 그를 존경하고 흠모한다. 택시나 차량 집안 등 곳곳마다 흰 옷에 검은 얼굴이 대조를 이루는 그의 모습을 흔히 볼 수 있다. 이 기간 중에 수백만 명이 성지 뚜바를 찾으며 따라서 교통사고가 폭주하기도 한다. 우리 청장도 아이들과 함께 온 가족이 그리로 갔다.

나는 이틀 계속 성당에 다녀왔다. 요즘은 해가 짧아 돌아오는 길이 너무 어둡고 또 매연과 먼지가 너무 심하기 때문에 고통을 겪는다. 하지만 하루 종일 그 모래 먼지 속에서 땅콩 몇 봉지, 과일 몇 종류를 팔고 있는 사람들을 생각하면 사치스럽다는 생각이 자주 든다.

마갈 뚜바 축제로 다카르는 텅 빈 느낌이다. 물론 마키살 대통령도 그

그랜드 모스크

곳에 가 있다. 텔레비전에서 그곳에 가서 마라부에게 절하고 참배하는 모습을 계속 방영하고 있다. 그래서 이곳은 종교 국가라고 볼 수도 있는 것이다. 정종량 자문관도 자기 부서서 출근하는 사람이 거의 없다고 한다. 수요일부터 금요일까지 출근했으나 인턴과 자기밖에 사무실에 나오지 않았다고 한다. 특히 그 부서 장관은 축제 전후해서 보통 한 달 동안 그곳에 머물고 사무실에는 나오지 않는다고 했다.

저녁때 배윤정 관리 선생님과 자문단이 함께 알마디에 저녁 식사를 하러 갔다. 나는 처음 가보는 곳이다. 두 자문관은 몇 차례 왔다 갔나 보다. 꼬막과 홍합, 또 굴을 시켜 먹었다. 모든 음식이 1kg에 2천 세파 정도 했다. 그런데 꼬막도 아주 작고 굴도 아주 작다. 껍질을 포함해서 파니 실제 먹을 것은 별로 없다. 홍합은 아주 크다. 자연산이고 크기도 워낙 커서 한국에서는 맛볼 수 없는 것이라고 이 자문관이 덧붙인다. 오랜만에 바닷가에 오니 좋다. 일몰이 일품이다. 사진도 몇 장 남겼다.

유치원 아이들

아프리카의 성탄절

아프리카에서 맞는 첫 성탄절이다. 한국에서는 성야 미사에 참석했으나, 이곳에서는 어려울 것 같았다. 저녁 10시에 시작하니 거의 새벽 1시가 되어야 집에 돌아올 수 있을 것이다. 주변에 노숙자, 또 성탄절을 전후해서 도난, 강도 사건들이 많이 발생하니 저녁 미사는 참기로 했다.

밤새 이삼십 분 간격으로 거의 총소리 수준의 폭죽이 터진다. 잠을 깊게 잘 수가 없었다. 비몽사몽이다. 새벽 2시경에 너무 시끄러워서 일어나 도로를 내려다보니 십여 명의 중고등학생들이 외치며 거리를 지나가고 있다. 새벽 송을 하러 가는 것인지 그냥 밤새 성탄절을 즐기고 있는 것인지 알 수 없다.

낮 10시 미사에 다녀왔다. 참으로 많은 흑인, 백인, 나 같은 황색 인종을 비롯한 많은 신도들이 거의 천 명이 참례했다. 마치 삼왕예조의 행렬을 보는 듯했다. 복사단을 포함하여 2십여 명의 사제단이 성대한 미사를 집전한다. 나는 카메라로 몇 장 담았다.

그러나 이 성대한 미사 중에도 세네갈의 어려움과 가난이 계속 머리를 맴돈다. 세네갈은 세계 최빈국 중의 최빈국이다. 인류의 가난과 미래, 세계인 모두가 힘을 합쳐 해결해야 할 문제다. 물론 세계의 빈곤은 선진국들의 도움으로 많이 나아지고 있다.

2010년 유엔에서 발표한 MDG 보고서를 보면, 1990년의 18억의 인구(당시 개도국 인구의 46%)가 하루 생계비 1.25달러 이하로 살아가는 극빈층(Extreme Poverty)에 해당하였으나, 2005년 27%로 극빈층 비율이 감소했다. 또한 만성적인 기아를 겪는 인구도 개도국의 20% 비율에서 16%로 감소했다. 교육에 있어서도 1999년 개도국 어린이 중 82%만이 보편적 초등교육을 받았으나 2008년 그 비율은 89%로 증가했다. 뿐만 아니라, 5세 미만의 어린이 사망률을 따져볼 때 1990년에는 1,000명당 100명이었던 것이 2008년에는 72명으로 크게 줄어든 것을 볼 수 있다. 지난 50년 동안 빈곤 감소가 500년 동안의 그것보다 빠르게 감소했으며, 주요 인간 개발지수에 있어 꾸준한 성장을 지속해 온 것이 사실이다. 원조는 일반적으로 경제성장과 빈곤 해소에 중요한 역할을 했다고 평가할 수 있다. 다만, 이러한 원조 효과가 극대화되기 위해서는 개도국의 올바른 정책 환경 구축이 필수적이다. 이에 따라 지난 반세기의 개발 협력에 대한 평가와 대다수 개도국들의 절박한 경제 사회의 현실을 직시하고, 변화하는 세계화 시대에 상호의존성 및 동반자 의식을 감안한 범지구적 국제개발협력의 시급성과 중요성이 새롭게 인식되어야 한다.

비교적 발전된 정책적 환경 등을 보유하고 있는 국가에게는 예산 지원과 섹터 프로그램을, 기본적인 정책 환경이 수립되어 있지 못한 개도국들은 기술 원조 등에 의한 정책 수립 능력과 정책 집행을 위한 제도 개선에 필요한 지원을 강화해야 한다. 이런 정책들을 통해 우리 세네갈도 빨리 빈곤으로부터 해방되었으면 좋겠다.

성당 앞에 급조한 작은 나무에 성탄 장식이 매달려 있다. 주변에 카메라를 든 사람들이 몇 명 있었다. 나는 방송국에서 나왔나 생각했는데 알고 보니 전문 기사들로 행사가 있을 때마다 촬영을 하고 행사가 끝나면 사진들을 전시 판매하는 사람들이다. 나도 찍으라고 하도 권해서 한 장 찍었는데 구매할 수 있을는지 모르겠다. 어쨌든 분위기가 따뜻한 그러나 무더운 크리스마스다. 멀리 떨어져 있지만 가족, 형제, 친구, 은인 모두에게 행복한 성탄절이 되기를 기도해 본다.

노예의 슬픔 고레섬

고레섬(Ile de Gorée)에 다녀왔다. 처음 한국에서 고레섬에 대해서 들었을 때 나는 고래섬이라고 들었다. 고래가 많이 사는 섬인가 했었다. 'Whale Island'를 번역한 것인가 했었다. 그런데 알고 보니 섬 이름이 고레였다. 이곳이 세네갈 최고의 관광 명소라고 한다.

청장인 Ousmane Diouf와 유나 선생, 아끼꼬, 그리고 그의 다섯 식구들도 함께 갔다. 선착장에 9시 30분에 만나기로 했으나 거의 11시가 되어서 청장 가족이 나타났다. 시간관념은 누구나 없어 보인다.

뱃삯은 천오백 세파다. 나는 ID 카드가 있어서 할인을 받았다. 섬까지는 25분 정도 걸리는데 천 톤 가량의 배에 관광객이 가득하다. 섬에 도착하여 그곳 유치원에 짐을 풀고 간단히 아침을 먹었다.

주변 관광에 나섰다. 길가에는 세네갈 스타일 그림 판매상들이 계속 호객한다. 그림 중에는 배에 탄 원주민, 악기 연주하는 사람, 춤추는 여인들 다양하다. 그러나 대부분은 구체적이지 않고 추상적이다. 또 많은 그림들은 전체적으로 유화가 아니라 화려한 천을 잘라 붙이고 부분 부분에 색을 입힌 종합 회화 같은 특이한 그림들이다. 이곳에서는 실제 판매가격 보다 처음에 10배 정도 높게 부른다니, 이러한 구입 과정이 우리에게는 힘든 일이다. 나도 귀국할 때는 선물로 몇 점 사야하는데 나중에 기회가 있으리라 생각해 본다.

이곳은 서부 아프리카에서 포획해 온 모든 흑인 노예들을 가둬 놓고 유럽, 미 대륙 등으로 수출하기 위해 최종적으로 모아 놓은 집결지였다. 형제, 부부, 아이와 부모 등 갈라놓고, 가축처럼 취급하며 누울 곳도 없이 거의 선 채로 생활했다. 하루에 한 번 화장실 가는 것을 허용하는 등 동물보다 못한 관리를 받으며 대기하다가 마지막으로 고향을 떠났던 곳이다.

고레섬(Goree Island)은 서부 아프리카 슬픈 역사의 현장이다. 다카르르 반대쪽 세네갈 해안에서 3.5km 떨어져 있는 1.8ha 규모의 작은 섬으로 한때는 노예 무역의 기지로서 포르투갈, 네덜란드, 영국, 프랑스 등 유럽 열강의 쟁탈전의 대상이 되었던 곳이다. 이곳에서 15세기 중반에서 18세기에 걸쳐 약 2천만 명으로 추정되는 아프리카인들이 대서양을 건너 미주 대륙으로 건너갔다. 우리가 기억하는 TV 드라마 〈뿌리〉의 주인공 쿤타킨테가 노예로 팔려 나간 곳이 바로 이곳이다. 현재는 화해의 장소이자 결코 잊어서는 안 되는 인권 유린의 역사를 상기시키는 기능을 하고 있다. 이러한 역사적 가치로 1978년 유네스코 세계 유산으로 등재되었다.

1776년 네덜란드에 의해 세워진 노예의 집은 고레섬에 마지막으로 남은 노예 시설이다. 막사의 방은 남자를 위한 시설로 가로, 세로 각각 2.6m이며, 성인 15~20명을 수용했다. 노예들은 목과 팔이 사슬에 묶인 채 등을 벽에 붙이고 앉았다. 쇠사슬 중간에는 큰 쇠구슬이 달려 있어서

돌아올 수 없는 문에 기대어

움직이려면 노예가 두 발과 두 손을 들어 올려야 했다. 노예들은 생리적 문제를 해결하기 위해 하루에 한 번, 집 안에서만 쇠사슬에서 해방되었다.

작은 막사에는 150~200명의 노예를 수용했는데, 이곳에 수용된 노예는 길게는 3개월을 기다려야 배에 실려 다른 곳으로 팔려 나갔다. 그들의 행선지는 전적으로 구매자에게 달려 있었고, 대부분의 노예는 가족과 생이별을 겪었다. 매수자들과 유럽의 노예 무역상들은 계단 발코니에 기대어 노예를 바라보며 근육값을 매기고 품질을 논의했다.

어린이들을 수용하는 특별한 방도 있었는데, 이곳의 사망률이 가장 높았다. 젊은 여성 노예들은 다른 여자들과 분리되어 가장 비싸게 팔려 나갔다. 남자 노예의 가치는 몸무게로 결정되었는데 최소 몸무게가 60kg이 적정선이었다.

노예의 집 내부, 경사진 복도는 오늘날 '돌아오지 않는 여행'으로 가는 문으로 알려져 있다. 박물관으로 이용되고 있는 원형의 방들과 또 별도의 수용소는 중앙에서 감시하게 되어 있고 바닥 쪽으로만 문이 나 있다. 탈출을 시도해도 바다에 빠져 죽게 된 구조다. 이 문을 통해 바다로 끌려간 노예는 아프리카와 영영 이별했기 때문이다. 문 바로 밖에는 야자수 나무로 만든 부두가 있어, 짐 싣는 곳으로 사용되었다. 일부 노예들은 배에 오르기를 기다리는 동안 바다에 뛰어들어 도망을 시도하기도 했지만, 경비대가 쏜 총에 맞거나 상어에게 잡아먹혀 노예들은 멀리 갈 수 없었다. 게다가 아프거나 부상당한 노예들은 바다에 던져져 상어를 끌어들이는 미끼가 되었다.

고레섬 포대

고레섬의 예술품 판매점

발에 묶어 놓았던 쇠사슬이 전시되어 있었다. 옥외엔 많은 대포들도 설치되어 있다. 아마도 서아프리카 전초 기지였던 것 같다. 박물관에는 노예 관련 전시물들은 별로 없고, 선사시대부터 현재까지의 유물, 선교사들을 포함해서 근대의 역사적 인물, 사진 등으로 메워져 있었다.

다시 유치원으로 가서 점심도 먹고 수영도 했다. 선착장 입구에 작은 해안이 있어 수영장으로 이용하고 있다. 백여 명이 수영하고 있다. 청장과 아들 모하메드가 함께 바다에 뛰어들어 즐겁게 부자의 애정을 나누고 있다. 나는 수영 준비가 안 되어 주변을 둘러보았다.

그곳에서 생선도 팔고 있었는데 사모님이 생선을 사서 학교 냉장고에 넣어 두었다. 배가 출발하기 직전에 냉장고 생선이 생각나서 청장과 두 딸이 학교로 돌아갔고, 그사이에 배가 출발하여 결국 2시간 후에 다카르 항에서 다시 재회했다.

오늘은 유나 선생의 생일이다. 오는 길에 터키 식당에 들려 유나, 아끼꼬와 함께 생일을 축하하고 식사도 대접했다. 떠나기 전에 먹은 쩨부젠 때문에 음식을 조금 남겼다.

유나 선생은 요즘 '살사' 춤 배우기에 바쁘다. 현지인에게서 배우는데 우리 집 인근에 '아프리칸 식당'이 있어서 그곳에서 식사도 하고 춤도 배운단다. 산전수전을 다 겪은 그녀여서 별 걱정은 안 되지만 그래도 항상 마음이 안 놓인다. 이제 서른 중반에 접어들고 있는데 결혼을 해야 될 것 같다. 그녀도 내년에는 결혼하겠다고 한다. 해외로만 돌아다니다 보니 만나는 사람도 제한적이고, 남자 사귈 기회도 적었을 것이다. 오늘은 커피를 두 잔 마셔서 잠이 잘 안 올 것 같다.

다카르르 한글학교

오늘 대사님 그리고 한글학교 선생님들과 함께 뚜르벨이라는 식당에서 점심을 했다. 이번 학기부터 이곳 한글학교에서 4학년을 담당하게 되었다. 전에 맡으셨던 선생님이 귀국하게 되어 나에게 도움을 요청했다. 아마 일 년에 한 번 정도 대사님과 선생님들이 이런 모임을 갖나 보다.

한글학교는 대사관에서 운영하는데 이곳 한인 교회에 위탁하여 운영하고 있다고 한다. 그래서 이곳 백 목사님이 한글학교 교장선생님이다.

대사님은 내가 제주도 출신이라는 것을 아시고 제주도 얘기부터 꺼낸다. 제주도에 동북아연구소를 지을 때 1년간 제주도에서 근무했다고 한다. 문정인 연세대 교수가 책임자였는데 그때 관여했다고 한다.

문정인 교수는 내가 고등학교에 다닐 때 참여했던 '향원'이라고 하는 학생 동인지 선배이다. 제주도에서 한번 자리를 함께할 기회가 있었는데, 옛 고교 시절 얘기를 했더니 잠시 향수에 젖기도 했었다. 그의 동생 역시 나와 함께 도청에서 위탁한 제주도 외국어 교육 관련 업무를 추진한 적이 있는데, 자주 만났고 지금 그는 제주한라대학에 재직하고 있다. 형제가 모두 성격이 활달하고 개방적이고 다혈질이라는 느낌이 들었다.

한글학교에 봉사하는 선생님들은 모두 성실하신 분들 같았다. 내가 아는 분들 중에는 김유나, 황재윤, 최동선 선생님이 계셨다. 교장인 백 목사님은 작년에 칠순을 지냈다고 한다. 며느리도 함께 참석했고 지금은 교무부장 직책을 맡고 있었다. 올 때는 집까지 태워 주셨다. 나는 한글을 가르쳐 본 경험이 없어서 무척 걱정이 된다. 내가 담당할 아이들은 네댓 명 된다고 한다.

이튿날 드디어 수업하는 날이다. 아침부터 10미터 앞을 내다보기 어려울 만큼 황사가 가득 꼈다. 여러 달 동안 비가 오지 않으면서 기온이 떨어지니, 온 시가지는 안개처럼 황사에 항상 휩싸여 있다. 나도 기침이 자주 나온다. 호흡기에 지장이 많을 것 같다. 지난번에 대사님이 특히 눈에 유의하라고 했다. 안경을 쓰고 다니라는 말이 기억난다. 그런데 나는 안경 쓰는 것을 싫어하니 조만간 문제가 생길 것 같다.

한글학교 개학식이 있었다. 나는 자기소개를 하면서, 대강 내가 살아온 길과 특히 제주도 사람이라는 것을 강조해서 말했다. 아이들은 제주도가 어디 있는지 거의 알지 못하고 있다. 6명의 선생님 중에 네 분이 KOICA 봉사단원이다.

개학식 중에 애국가는 2절까지 제창했고, 특히 국기에 대한 맹세가 있었다. 지금은 변경되었는데 옛날 것을 사용하고 있었다. 유나 선생은 전체 학생을 대상으로 동요를 가르쳤고 교가 제창으로 개학식은 끝났다.

수업이 시작되었다. 10시부터 11시 20분까지가 1교시이고, 20분간 간식 및 휴식 시간을 가지고, 11시 40분부터 13시까지가 2교시 수업 시간이다. 초등학생들에게는 긴 시간 배정 같다. 4학년 학생은 모두 4명이다. 김지은, 송선국, 조서명, 최수아다. 남자 1명, 여자 3명이다. 아이들에게 자기소개와 앞으로의 꿈을 얘기해 보도록 했다.

김지은은 두뇌가 명석하고 성격은 적극적으로 보였다. 스튜어디스가 꿈이고 아버지는 수산업에 종사한다고 했다. 유일한 남학생 송선국은 아주 순진하고 착해 보인다. 말하는 모습이 너무 정직하다. 아버지처럼 목사가 되고 싶다고 한다. 조서명은 아버지가 프랑스인으로 네슬레 커피 세네갈 지사장이다. 언니와 1학년 남자 두 쌍둥이가 있다. 중국에서 태어나 10년 중국에서 살아서 프랑스어, 중국어, 영어, 한국어 모르는 말이 없다. 미래 계획은 아직 모르겠다고 한다. 무척 예쁘고 키도 큰 최수아는 아버지가 가발 회사를 한다. 엄마는 학교 도서관에서 봉사활동을 한다. 모두가 밝고 명랑하다.

교과서를 배부하고 수업을 시작했다. 교과서는 한국외교부에서 지원한다. 처음 보는 책이라 어떻게 진행해야 할지 난감했다. 아이들에게 지난 학기에 어떻게 공부했는지 알아보면서 겨우겨우 수업을 진행했다. 교과서는 국어와 국어 활동으로 구분되어 있다. 그 구분과 내용이 어떤 차이가 있는지도 확실히 모르겠다. 집에 가서 잘 살펴보고 수업 준비도 철저히 해야겠다. 생각했던 것처럼 쉬운 일이 아니라는 생각이 들었다.

다카르르 한글학교 어린이들

무슈 장 고마워요

오늘은 조금 늦게 일어났다. 오늘은 한글학교가 있는 날인데 어제부터 시내에 시위가 있어 휴교 조치가 내려졌다. Malky Salle 현 대통령을 반대하는 세력들이 하는 시위다. 아마도 전 대통령 Wade의 아들이 구속되어 재판을 받고 있는데 이에 반대하는 시위 같다. 전에도 메모리얼 오벨리스크 주변에서 시위하는 모습을 여러 차례 본적이 있다. 그러나 과격하게 충돌하거나 화염병, 최루탄이 발사되지는 않는다. 시위대도 그렇게 많지는 않다. 현 대통령은 원래 전 정부의 국무총리 출신으로 1차 투표에서는 패배했으나 50% 이상이 돼야 대통령이 되는데, 어느 누구도 과반수를 확보하지 못하여 재투표를 하게 되었다. 1차 투표에서는 웨이드(Wade)가 가장 많은 표를 얻었었다. 그러나 2차 투표에서는 10개의 야당이 연합하여 현 대통령을 당선시킨 것이다. 그러니 전직 대통령이 가만히 있지 않는 것이다. 자꾸 흔드는 것 같다.

어제는 사무실에 화이트보드를 사서 설치했다. 이곳에서 구할 수 있는 가장 큰 것이다. 지금까지는 판자에 종이를 붙여 안내판이라고 써서 압정으로 전달하는 내용 등을 부착했었다. 아주 작고 길쭉했었다. 그래서 모나미 문구점에 가서 한국에서 수입한 화이트보드를 샀다. 자석식으로 사용이 편리하도록 했다. 또 보드 판에 일간, 주간, 월간, 정보, 휴가 등 칸을 만들어 깔끔하게 구분해서 자석으로 붙여 사용할 수 있게 하였다. 15만 세파 정도 들었다. 무척 비싸기도 하다. 한국에서는 5미터짜리가 22만 원 정도 했었다고 기억하는데 서너 배 비싸 보인다. 직원들은 모두 고마워했고 화이트보드에 누군가 'Merci Beausoup! Monsieur Jean!'이라고 써 놓았었다. 이곳에서의 내 현지 이름은 Jean Diouf다. Jean은 나의 세례명이고 청장의 성이 Diouf여서 내 이름을 Jean Diouf로 정했었다. 직원들은 나를 Jean이라고 부른다.

지우개, 색색의 마카 펜, 종류별 자석 등을 갖다 놓으니, 직원 소냐가 전부 회수해 간다. 그곳에 그냥 비치하면 누가 곧 가져가 버린다고 한다. 나는 누구나 자유롭게 놔두고 쓰면 좋겠다는 생각이 들었지만 그들의 판단이 옳을 것이다. 워낙 관리를 잘하시는 분들이라 이해가 되었다.

저녁 늦게 한국에서 와서 며칠간 활동하던 사이버 대학 설치 팀이 한국으로 돌아간다고 했다. 샤바트 한국 식당에서 함께 식사했다. 모두 네 분이다. 우리 쪽에서는 소장님 등 사무소 직원 3명, 교육에 종사하는 봉사단원 5명이 참석했다. 최동신, 권덕용, 김유나, 황재윤 그리고 나다. 사이버대학 설립 팀은 고계수 연구원(부천대학교), 양혜경(KOICA 교육전문위원), 박승원(희림건축 전무), 구양미(방송대 뉴미디어 기획팀장) 선생 등이었다.

작년에 KOICA 이사장이 이곳 고등교육 장관을 만나서 사이버 대학 설립 요청을 받았고 이를 승인했는데, 이 프로젝트의 실행을 위해서 현지 조사를 왔었다. 모두가 이 분야의 엘리트이고 베테랑이다. 구양미 선생은 파리에서 박사 학위를 받아서 프랑스어가 유창하다. 전 세계를 누비는 연구원들이다. 그분들이 교육부에서 들은 바에 의하면 이곳 대학생들은 국가에서 십만 세파를 지원하고 본인이 9십만 세파 정도 부담하여 컴퓨터를 구입하여 사용하고 있다고 한다. 중고등학생들은 거의 컴퓨터가 없어서 대학생을 대상으로 한다는 것이다. 최동선 선생님 말은 중고생은 PC 방을 이용하여 컴퓨터를 한다고 했다. 음식은 닭볶음, 꽃게탕이 나왔다. 많이 남아서 김유나 선생이 남은 음식을 싸 주었다. 돌아와 냉장고에 보관했다.

이날은 마침 세네갈이 말리와 아프리카컵 축구 예선을 치르는 날이었다. 거리는 텅 비어 있었고 가게마다 텔레비전을 보는 사람들이 수십 명씩 모여 있다. 그래서 거리는 유령 도시가 되었다. 세네갈 사람들의 축구에 대한 열기는 대단하다. 모든 공터에서는 아이, 어른 가릴 것 없이 틈나는 대로 축구를 한다. 탈리베들도 깡통으로 축구에 열중한다. 이날 축구는 1대 1로 비겼다.

김장 체험

이곳에 와서 처음으로 김장을 했다. 쥬르벨에 사는 이득규 선생님이 김장을 하자고 했다. 작년에도 했다고 한다. 쥬르벨은 3시간 정도 거리다. 다카르에 출장으로 온 김에 함께 김장도 해서 가겠다고 했다. 우리들만 할 수는 없다. 여러 가지 도구도 있어야 하고 장소도 여유로워야 하기 때문이다. 그래서 이곳 한인선교회 신세를 지기로 했다. 작년에도 그곳의 도움을 받았다고 한다.

이 선생님과 김유나 선생이 우선 깰멜 시장에 가서 장을 보고 왔다. 무, 파, 젓갈, 마늘 등을 사왔다. 전날 저녁때 함께 모여 네댓 시간 동안 마늘을 깠다. 아침에 유나 선생이 다니는 한인선교회에 가서 소위 공동김장을 한 것이다. 목사 사모님이 오셔서 작업 순서, 또 양념 준비와 만들기 등 김장 준비에서 마무리까지 정성껏 도와주셨다.

그곳에 마늘 가는 믹서가 있어서 쉽게 할 수 있었다. 배추는 부산식당에서 샀다. 이곳에서는 배추를 먹지 않으니 재배하지도 않는다. 이곳 중국인들이 중국인과 한국인을 위해서 배추를 재배한다고 하는데 한국 보다 훨씬 비싸다. 세 사람이 쓸 것으로 40kg을 샀다.

김장하면 돼지 수육이 빠질 수 없다. 그래서 돼지고기도 어렵게 사서 김장이 끝나고 김장 김치와 함께 먹었다. 아삭한 김장 김치에 감칠맛 나는 돼지고기를 오랜만에 먹으니, 갑자기 온몸에서 힘이 솟아오르는 듯하다.

사모님은 중간에 옥수수도 쪄 주셨다. 얼굴도 예쁘고 마음도 비단결 같다. 중간에 KOICA에서 퇴직한 봉사단원인 홍나니 단원이 와서 도와주었다. 그녀는 2013년에 봉사활동을 끝마치고, 관리요원 신청을 했는데 안 됐다고 한다. 그러나 세네갈이 너무 좋아서 작은 사업을 하면서, 꿈을 계속 키우고 싶어 왔다고 했다. 용기도 있고 지혜도 넘쳐 보인다.

나는 이득규 선생과 함께 배추 절이는 일을 먼저 했다. 배추가 절여지는 동안 무도 썰고 파와 양파도 다듬었다. 파는 삼사 센티 정도로 썰었다. 여기에 오징어 소스, 고춧가루, 풀 등을 넣어서 양념을 만들었다. 절인 배추는 네 차례 씻었다. 시래기도 일일이 손질하여 삶았다. 새 밥을 지어서 김장 김치와 돼지 수육을 곁들여 먹었는데 최고의 맛이었다. 아침 9시에 시작해서 집에 오니 오후 다섯 시였다. 이 김치를 어떻게 익혀서 먹어야 할지 고민이 된다.

봉사단원들과 다카르에서 해보는 김장 체험

생루이에서

지난주에는 생루이(Saint-Louis)에 다녀왔다. 2월 3일부터 5일까지다. 다카르에서 셋플러스차로 갔는데 네 시간 반 정도 걸렸다. 아침 일찍 일어나 7시 반경에 터미널 페키네(Pekine)까지는 택시로 갔다. 2천 5백 세파를 지불했다. 작년까지는 가라지(Garage)라고 하는 시내에서 가까운 곳에 터미널이 있었으나, 교통이 혼잡해서인지 거의 다카르의 시외인 페키네로 이사했다.

전국을 연결하는 교통망이 집결해 있는 곳이어서 지극히 혼잡스러웠다. 입구에서부터 잡상인들이 뒤엉키고 차량들은 어찌나 뒤섞이고 있는지 정신을 차릴 수 없었다. 또 말 마차, 오토바이 등이 뒤범벅이 되어 있었다. 생루이 터미널4로 갔다. 셋플러스차는 세네갈의 거의 유일한 대중교통이다. 운전자를 제외하고 7명이 탄다. 다행히 편한 가운데 줄 오른쪽에 자리를 잡았다. 자주 나가는 손님들 때문에 함께 일어서서 비켜 주어야 하는 점이 조금 불편했다.

생루이에 도착해서는 La Post Hotel로 갔다. 육백 세파를 지급했다. 프론트 아가씨가 KOICA에서 왔느냐면서 반겨주었다. 미리 예약을 해 두었기 때문이다. KOICA 단원들에게는 10% 할인해 준다.

1887년 지어진 고풍스러운 호텔로 모든 게 과거로 돌아가는 듯했다. 천장에는 비행기 모형들이 여러 개 걸려 있다. 그러나 관리를 잘해서인지 하루 이틀 쉬는 데는 별 어려움이 없어 보였다. 객실 열쇠도 비행기 모형 철판에 방 번호가 용접되어 있고 열쇠가 매달려 있다. 1800년대 모습 그대로라고 한다. 호텔 가운데는 야자수 등 열대 나무들이 심어져 있고 벤치도 몇 개 놓여 있다.

나중에 들은 바로는 이 호텔이 바로 《어린 왕자》를 지은 생텍쥐페리와 교육자 메르모즈가 머물렀던 곳이라고 한다. 그래서 벽면에는 그의 사진과 그의 활동 모습을 담은 사진과 비행기 모형 등이 전시되어 있다.

아침 식사는 3천 세파인데 빵 몇 조각, 달걀, 요구르트, 음료수가 전부다. 너무 빈약하고 무성의해 보였다. 이날 다리 건너 안쪽에 있는 생루이섬으로 가봤다. 1800년대가 그대로 멈춰서 있는 느낌이다. 모든 건물은 시멘트 건물인데 오랫동안 방치되어 있어서 훼손이 너무 심하다. 벽은 무너지고 페인트는 벗겨지고, 문과 기둥도 부서지거나 훼손된 것들도 너무 많았다. 아마 유네스코 문화유산으로 지정되어서 수리가 안 되고 있고, 그렇다고 정부에서 관리 비용을 지불하지도 않고 해서 폐허 같은 모습을 지니고 있어 보였다.

관광 안내소에 들렀다. 안내원은 영어를 조금밖에 못하고 자료는 하나도 없었다. 박물관도 있는데 두 번 방문했으나, 항상 문이 닫혀 있었다. 방문객이 없어서인지 휴관 기간인지 알 수가 없었다.

둘째 날 교육청 장학사가 차를 갖고 왔다. 우선 교육청을 방문하여 교육장과 인사하고 방문 내용을 설명했다. KOICA의 하는 일과 일정 등을 얘기하고 가져간 캘린더, 수첩, KOICA 팸플릿 등을 주고 촬영도 했다.

마침 아침 조회 준비를 하고 있었다. 교육장 자리는 마치 국회의장석처럼 높은 곳에 위치해 있다. 매일 아침 조회를 하는 것은 특이했다. 이곳에서는 어느 기관이든 매일 회의를 하지 않는다. 한 달에 한 번 하기도 하고 우리 유아교육청은 두세 달에 한 번 정도 한다. 참석한 모든 분들과 인사를 나누고 나왔다.

두 명의 장학사가 동행했다. 오늘 두 곳의 유치원을 방문했다. 처음 방문한 곳은 여자가 원장이었고, 3학급으로 편성되어 있었다. 한 학급에 20명 정도이고 손님 맞을 준비를 한 것처럼 잘 정돈되어 있었다. 동행한 장학사 중의 한분은 여자로 영어 통역을 위해 함께 갔다. 너무도 열악한 환경이었다. 자료나 교육 도구가 거의 없었고, 조명 시설도 없이 어두컴컴한 교실에서 특별한 교육 과정, 교육 계획도 없이 가르치고 있었다.

두 번째 방문 유치원은 장애를 지닌 남자 선생님이 원장이었다. 다리를 몹시 절었다. 그러나 단정한 양복 차림으로 우리를 맞았다. 두 학급이 운영 중인데 원래는 세 학급이었으나, 한 학급 교실이 거의 폐허 상태여서 잠시 세는 병합 운영 중이었다. 학생 수는 학급당 15명과 23명이었다. 아이들은 땅바닥에 앉아 있고, 선생님들도 그냥 자리에 앉아 있을 뿐, 아무런 활동도 하지 않고 있었다. 오전에 방문을 모두 끝냈다.

장학사님들에게도 준비한 선물을 드리고, 오후에는 좀 한가하게 유네스코 문화유산 지역을 탐방할 수 있었다. 주거 지역을 관통해 보기로 했다. 조금 안으로 들어서면 좁은 길에 포장된 곳은 거의 없고, 모래 더미가 모든 길을 메우고 있다. 그 모래 더미 위에서 수많은 아이들이 뛰어

다니고, 그사이에 생선을 파는 아주머니들이 보인다. 손질하는 생선에 달라붙은 파리들은 수백, 수천 마리다.

바닷가로 나갔다. 이곳은 주요한 생업이 어업이다. 여기저기서 청년들이 어망을 손질하고 수리하고 있다. 모두 성실하고 착해 보인다.

이곳에 가면 꼭 새 공원에 가보라고 해서 관광 안내소에 예약하러 갔다. 그러나 아무도 가는 사람이 없으니 가려면 혼자 택시를 대절하고, 1인 가이드를 고용하고, 또 그곳에 도착하여 배를 임대하여 새 섬으로 가야한다고 한다. 여러 명이 가면 서로 비용을 분담할 수 있으나 혼자 가기엔 부담이 너무 많아 포기했다.

돌아올 때도 셋플러스 승합차를 이용할 수밖에 없었다. 그런데 차에 이미 사람들이 가득 차 맨 뒤쪽 열 왼쪽 끝에 앉게 되었다. 가장 힘든 자리다. 두 시간 정도 고정된 좁은 공간에 계속 앉아 있다 보니 왼쪽 무릎이 계속 쑤신다. 무릎을 펼 수도 움직일 수도 없다. 다음부터는 차를 놓치더라도 기다리다 좋은 자리를 잡아야겠다는 생각이 굴뚝같다. 너무 힘들었다. 정말 피곤하다. 그러나 무사히 다카르에 도착하고 집에 들어서니 피로가 어느덧 사라진 듯했다. 무사히 일정을 마친 것을 감사하며 저녁 기도를 바친다.

생루이 시가지

실패한 떡국

그제부터 오늘까지가 설 연휴다. 그러나 한국에서나 해당되는 일이고 이곳에서는 상관없는 일이다. 디렉터에게 한국 명절 중의 설을 설명하고, 이 기간은 쉬겠다고 했다. 그러나 3일간 쉬기가 미안해서 이틀 쉬고, 오늘은 출근했다.

그제는 설을 지내기 위해 유나 선생과 함께 시장을 봤다. 이곳에는 나 외에 정종량, 이상윤 자문관이 있는데 정 선생은 나보다 두 살, 이 박사는 12살 아래다. 정 자문관은 서울특별시에서 국제 교류 등을 담당했었고, 영국에서 석사 학위를 받았다. 정년퇴직 후 이곳에서 근무하고 있다. 이상윤 박사는 부경대에서 박사 학위를 받았고 KOICA 봉사단원, 관리요원 등을 거쳐 지금은 자문단으로 활동하고 있다. 전공은 수산 증식이다.

정 자문관은 나보다 6개월 먼저 왔고, 이 박사는 2년 3개월 근무하고 다음 달 10일 귀국한다. 그 후에는 튀니지에 다시 자문관으로 지원할 예정이라고 한다.

내가 맏형뻘이 되니 설날 떡국을 우리 집에서 나누기로 했다. 떡국 떡은 사온 것도 있고, 소장 사모님이 한글학교에서 고생한다고 주신 것도 있다. 인근 재래시장에서 소시지, 생선, 토마토, 요구르트, 콩, 포도주, 닭

등을 구입했다. 새벽 5시경에 일어나서 우선 떡국 고명을 만들기 위해 계란말이, 당근, 가지 등을 삶았다. 소시지 전을 만들고, 생선조림, 떡국 순으로 요리했다. 가장 중요한 음식인 떡국 끓이기는 실패했다. 닭과 함께 넣어서 끓였으니, 거의 닭죽이 되어 버렸다. 다음부터는 끓는 육수에 잠깐 넣어 끓여야겠다고 반성해 본다. 아홉 시경에 모두 도착하여 합동 세배를 하고 함께 즐겁게 식사를 즐겼다. 포도주 2병, 맥주 3명이 모두 비었다. 이 박사가 술을 사러 갔으나 주류 판매점을 찾지 못하여 대신 케이크를 사서 돌아왔다.

명절날 쓸쓸한 독거노인 신세를 면했으니 뿌듯했다. 저녁 미사에 다녀오고 일찍 잠자리에 들었다. 한국에서는 설 미사는 조상에게 감사와 구원을 비는 중요하고 큰 미사인데, 이곳에서는 아무도 특별한 의미를 주지 않는 평범한 예식이다.

고미의 초청

우리 사무실 비서인 마담 자이 고미(Ndiaye Gomis)가 집으로 초대했다. 물론 아끼꼬, 유나 선생, 그리고 성격 좋은 오스만 게에(Ousmane Gueye)도 초대했다.

그녀의 집은 Yoff 지역의 바닷가에 있었다. 남편은 금융업에 종사하고 있고 잘 지은 2층집에 살고 있다. 집이 호화스럽다. 50대인 그녀는 항상 호탕하고 쾌활하다. 전에는 잔다메리(군인경찰) 유치원 원장이었다.

손이 큰 그녀는 이미 많은 음식들이 준비되어 있었다. 많은 양의 제부젬과 양고기 요리가 큰 스테인리스 그릇에 넘치게 담겨 있었다. 음료수도 비샵, 생강, 바오밥 주스가 준비되어 있었다. 전통 차와 과일로 파파야와 멜론도 나왔다. 남편은 인상 좋은 호남이다. 몸무게가 많이 나갈 것 같다. 음식은 모두 맛있고 다양해서 실컷 먹었더니 배가 너무 불렀다.

식사 후에 우리는 인접한 바닷가로 나가서 한 시간 가까이 산책했다. 밀가루처럼 고운 백사장이 아주 넓게 펼쳐져 있다. 수영하는 사람들은 거의 백인들이고, 수상보트를 타는 사람들도 많고 일광욕을 즐기는 백인 여자들도 많다. 현지인들은 뛰어 다니거나 먼 곳에서 수영을 즐기고 있다.

해안가에는 전통가옥형의 나무와 짚으로 엮은 파라솔이 수백 채 들어서 있다. 여름에는 피서객이 워낙 많고 나무 파라솔은 하루에 2천 세파, 한나절은 천 세파라고 한다. 아름다운 경치, 탁 트인 바다, 시원한 바닷바람, 참으로 좋은 곳이다.

저녁때는 배윤정 관리 선생이 집으로 초대했다. 자문단 3명이 그녀의 집으로 갔다. 나는 걸어서 지난번에 들은 기억을 생각하며 갔는데 찾을 수 있었다.

정성스럽게 준비한 식탁에 올라온 음식들은 홍합, 참게찌개, 닭튀김 등이었다. 우리 때문에 장보고 또 요리하느라고 고생이 많았을 것이다. 집은 아주 좋아 보였다. 방 셋, 거실, 욕실, 부엌 등 조금 호화스러웠다. 관리요원에게는 훌륭한 주거가 제공되니, 걱정 없이 근무할 수 있어서 다행이다. 이곳은 레지던스라고 해서 소위 모든 시설이 다 완비되어서, 호텔식으로 생활할 수 있는 주택이다. 사무실 이야기, 단원들의 일으키는 문제들과 그 해결의 어려움 등을 서로 얘기하며 방안을 모색해 보기도 했다.

배 선생은 이세 경세 여건을 비롯하여 모든 준비를 다 갖추어 결혼만 하면 되는데 하면서 몇 차례나 진담 겸 농담을 건넨다. 그녀는 이제 30대 중반에 들어서게 된다. 성격 활달하고 업무 추진력이 강하고 인간관계도 좋다. 또 건강하고 예쁘기도 하니 신붓감으로 모자란 점이 없다.

10시경에 모임이 끝나자 모두가 걸어서 집으로 가겠다고 한다. 나도 오늘은 걸어서 귀가했다. 조금 걱정이 되었으나 무사히 집에 도착하여 안도의 숨을 내쉬었다.

탈리베들과 함께

4부

4

끊이지 않는 도난

샤베트 식당에서 KOICA 사무소 직원, 자문단이 함께 한국개발연구원 연구팀 2명과 함께 식사를 하면서, 이곳의 교육 현황을 설명해 주고 의견을 개진했다.

여러 분야의 세네갈 교육 지원 사업을 발굴하기 위해서 현장 답사를 왔다고 한다. 연구원 중에 뜻밖에 김민주라는 젊은 여성 연구관이 있었는데, 제주도 출신이라고 한다. 직접 들어 보니 내가 너무도 잘 아는 효돈이 고향이다. 아버지가 김원봉 씨고 신효 월라산 밑에 집이 있다고 한다.

효돈은 신효, 하효, 상효로 나누는데 바로 내가 초임 중학교 교사를 출발했던 곳이요, 우리 집사람을 만나 신혼을 보낸 곳이었다. 특히 처가가 있는 신효가 고향이라고 한다. 혹시 내가 가르치던 효돈중학교 출신인가 해서 물어보니 중학교는 다니지 않았으며, 홈스쿨링을 했다고 한다. 역시 보통 사람이 아닌 것 같다. 아주 착하고 차분하고 성실해 보였다. 대학생 때 교환 학생으로 세네갈에 3개월 있었다고 했다. 연구 실장은 식사 중인데도 우리들의 하는 일, 필요한 일, 교육 현황과 실태 등을 날카롭게 질문하고 기록했다.

모임이 끝나고 나오면서 배윤정 관리 선생님이 비닐봉지에 남은 음식을 싸 준다. 아직 따뜻한 기운이 남아 있다. 집까지 바래다주면서 부소장이 시켰다고 한다.

유종화 부소장님은 부임한 지 8개월 정도 되었다. 20대 후반으로 아직 싱글이다. 겉으로는 연약해 보이지만 판단력이 뛰어나고 일 추진에 강단이 있다. 부드러운 미소를 항상 머금고 있고 아름다움과 온화함을 잘 갖추고 있다. 돈독한 기독교인이기도 하다.

며칠 전 그녀는 이곳에서 혹독한 경험을 했다. 그녀는 거의 매일 야근을 하는데, 그날도 야근을 마치고 밤 9시경 자신의 차로 집으로 오고 있었다. 집에 거의 다 도착했을 때 누군가 심하게 백미러에 부딪히는 소리가 났다. 차를 멈추고 사고가 난 것은 아닌지 살피는데 어떤 남자가 와서 다쳤다고 소리쳤다. 그 남자가 오른쪽 창문으로 와서 창문을 내려 얘기를 하는데, 이번에는 왼쪽 창으로 와서 또 옥신각신했다. 결국 별일 없는 것으로 합의하여 정신없이 집으로 돌아왔다. 도착해서 보니 조수석에 있었던 핸드백이 사라진 것이다. 핸드폰, 컴퓨터, 카드 등 모든 것을 한꺼번에 도난당했다.

배 선생에게 부소장이 전화를 해서 가보니 집 앞 계단에서 그녀는 울고 있었다고 했다. 아무래도 나에게는 세네갈이 안 맞는 것 같다고 하며. 참으로 황당한 일을 당했다. 젊음을 바쳐 봉사하는 외국인, 특히 힘없는 여자에게 이런 일을 하는 사람들은 어떤 사람들인지 모르겠다. 함께 경찰에 가서 신고를 하고 했지만 결과가 신통치 않으리라는 것은 자명하다.

이곳에서는 분실 사건이 너무나 많다. 정종량 선생도 며칠 전 황당한 일을 겪었다. 정 선생의 최근 이야기는 다음과 같다. 엊그제 사무실에서 프린트를 하려고 명령을 내렸는데 실행이 안 되었다. 전원이 안 들어왔다. 프린터를 살펴보니 칼라 잉크가 모두 사라지고 핵심 부품인 드럼과 모든 내부 설비들이 사라지고 껍데기만 남아 있었다. 사무실 안에서 평소에 잠그는 일도 잘 했는데 이런 일을 당해서 황당했다. 이 프린터는 구입한 지 한 달도 되지 않았었다. 정 선생 말은 요즘 사무실 공사를 많이 하고 있는데, 아마 공사하는 사람들 중 하나가 이런 일을 저지른 것으로 예측한다고 했다. 이제 근무할 날도 많지 않으니 프린터를 다시 구입하지는 않고, 그냥 지내겠다고 한다.

사실 정 선생은 이곳에 처음 부임했을 때도 컴퓨터를 도난당했었다. 그는 다시 컴퓨터를 구입하는 데 5십만 세파(백만 원)를 지불해야 했다. 말도 안 통하는데 시장을 다니면서 국산 컴퓨터를 구입하기에는 어려움이 많았을 것이다. 어쨌든 이곳에서는 도난, 소매치기 사건이 워낙 많이 생기니까 조심할 수밖에 없다. 잃어버린 것을 경찰에 신고해도 다시 찾을 가능성은 거의 없다.

나도 잘 챙기고 조심해야겠다. 나는 한국에서 같이 항상 문도 열어 두고 별 신경을 쓰지 않기 때문이다. 그래서 우리 직원들로부터 자주 핀잔을 듣는다. 문 꼭꼭 잠그고 다니라고. 그는 말한다. "한국에서는 나이가 들면서 도덕적으로 어긋나려 하지 않는데, 이곳은 그런 관념을 찾아보기 어렵다"고.

이곳에서 들은 도난 사건들을 몇 개 소개해 보고자 한다. 용접 봉사단원인 이상규 단원이 내게 자신의 경험을 직접 들려주었다. 친구와 함께 마트에서 물건을 구입하고 있었다. 친구가 앉아 있어서 친구 옆에 가방을 놔두고 물건을 구입하려고 잠깐 갔다 왔더니 가방이 사라졌다는 것이다. 노트북 가방은 컴퓨터와 몇십만 세파의 돈도 들어 있었다고 한다. 한꺼번에 세상을 잃은 것 같았고 이곳을 떠나고 싶었다고 한다. 그러나 다시 어렵게 중고 컴퓨터를 구하고 새로운 마음으로 시작했다고 한다.

또 다른 얘기도 들었다. 용접 봉사단원인 이득규 선생님이 전해준 이야기다. 지방에 한 시니어 단원이 있었다. 그는 거의 60대의 많은 나이에도 불구하고 세네갈에서 봉사활동을 성실히 하겠다는 결심으로 지원을 하고 정말 열심히 모범적으로 활동했다.

시골에 살면서 열악한 주거 환경, 병충해, 무더운 날씨, 음식, 외로움 등을 이기면서 열심히 교육 활동을 펼쳤다. 그리고 최소한의 생활비를 제외하고는 얼마 안 되는 돈이지만 모두 절약해서 모았다. 2년 동안 먹지도 쓰지도 않았다. 이제 귀국할 날짜도 얼마 남지 않았다.

다카르에 출장을 왔다. 그리고 업무를 끝내고 저녁때 집에 가 보니 분위기가 이상했다. 문을 열고 들어가 보니 집 안이 엉망이고, 또 지금까지 모아 두었던 돈이 모두 사라지고 없었다. 문이 잘 잠겨 있어서 들어올 틈이 없는데 이상했다. 살펴보니 밖에서 굴을 파서 집 안으로 들어와서 전부 훔쳐간 것이었다. 거의 천만 세파(이천만 원) 정도의 돈이었다고 한다. 선생님의 절망감과 배신감을 얼마나 컸을까? 결국 얼마 남지 않은 기간을 모두 채우기 못하고 조기 귀국했다고 한다.

힘겨운 요구

청장이 새로운 코디네이터인 Chelk Fall과 나와 유나 선생 그리고 영어 통역을 데리고 와서 회의를 했다. 통역은 알고 보니 ALASCO(한국연수단동창회) 회장인 파파였다.

나는 우리 유아교육국의 정책이나 방침 등을 설명해줄 줄 알았는데 기분을 언짢게 만드는 분위기를 연출했다. 유치원 아이들에게도 수학, 과학 등 교과서 교재가 필요하고 또 컴퓨터 등도 필요하다는 말을 한다. 나는 정책 자문관이므로 정책을 통해 지원하는 것이지 물자를 통해 지원하는 것은 아니다.

유치원에서 직접 가르치는 교사보다 교수법을 가르칠 교사가 필요하다는 말도 한다. 또 지난번에 내가 제시한 유치원 평가 척도에 대해서도 자세한 자료를 요구했다. 나는 내가 여기에 있는 것은 물자, 인력을 직접 지원하는 것이 아니라 정책적으로 지원하는 것이라는 설명을 하고, 8월부터 새로운 임기가 시작되므로 요구하는 내용도 가능한 지원하겠다고 했다. 그리고 9월 중에 세갈 유아 교육을 획기적으로 개선한 새 프로젝트를 작성하여 제출하겠다고 말했다.

청장은 다음 주에 내가 KOICA 경비로 까오락(Kaolack)으로 출장을 가는데 직원을 동행해도 되냐는 것이다. 나는 1인실 숙소를 예약했고 시간이 임박했기 때문에 내가 지원해 줄 수는 없고, 함께 가는 것은 각각 경비를 부담하면 될 것이라고 했다. 그는 내가 경비를 지원해 줄 것을 기대했는데 실망한 분위기다.

이어서 유나 선생과의 협의가 시작되었다. 내가 영어로 유나 선생을 위해 통역을 해주었다. 국장의 말은 유나 선생이 세미나를 개최하는데 참가자들에게 음식과 자료와 출장비를 제공해야 한다는 것이다. 삼사십 명 참석하면 경비가 엄청나게 많이 들 것이다. 연수자의 출장비를 주최 측이 부담해야 한다는 것은 우리가 이해할 수 없는 일이다. 한국에서라면 당연히 참석 기관에서 출장비를 지불해야 하고 오히려 좋은 연수는 연수비를 참석자가 지불하면서 참석하는 게 일반적인데 이해되지 않는다. 나는 도저히 안 되는 일이라고 생각되지만, KOICA 본부에 전달해 협의해 보겠다고 전했다. 유나 선생도 가당치 않은 일이라고 얘기한다.

그런데 통역자도 문제다. 자기네 ALASCO 경비도 KOICA에서 모두 부담한다고 하면서 유아교육국 세미나 경비도 KOICA에서 부담해야 한다는 이상한 논리를 펼치고 있다. 사실 이런 시스템이 문제이기도 하다. KOICA에서는 엄청난 경비를 들여 단기 연수, 석사 과정 등을 개설하여 무상으로 혜택을 주고 있다. 그런데 그들이 그 많은 혜택을 받고 왔으면, 동창회 운영 경비는 회원들이 각출하여 운영해야 하는데, 동창회원들은 전혀 돈을 내지 않고 KOICA에서 모든 경비를 제공하고 있다. 받는 것에 익숙해진 그들은 왜 이런 경우는 지원이 안 되느냐며 오히려 공격한다. 적반하장이다. 앞으론 KOICA에서 동창회 운영비 지원은 하지 말아야 하지 않을까 생각한다. 자생력을 기르고 고마움을 느끼도록 분위기를 바꿔야 한다.

또 청장은 갑자기 유나 선생에게 지난해 구입한 교구, 자료들을 확인해 보겠다고 한다. 문을 열고 일일이 보여주고 설명해 주었다. 유나 선생은 화가 나서 거의 울 정도의 분위기다. 작년에 구입했을 때 이미 다 자세히 확인하고 KOICA에 수령 확인증도 공문으로 보냈는데, 왜 갑자기 다시 확인하는지 모르겠다고 한다. 자신을 의심하는 것은 아닌지 궁금하다고 했다. 속고만 살았는지 의심이 많은 것 같다. 유나 선생의 표정이 몹시 속상해 보인다.

나중에 얘기하기를 오후에 집에 돌아와서 너무 괴로워 혼자 술을 마셨다고 한다. 얼마나 마음이 괴로웠을까? 그녀는 인간관계를 아주 중요하게 생각한다. 그래서 청장의 모든 가족 생일을 일일이 기억하여 아무리 바쁘고 날이 어두워도 반드시 집으로 생일 선물을 전달하곤 했다. 또 이곳에서 귀한 생필품도 여유가 있는 대로 가져다주곤 했는데 의심하여 재확인하는 것이 너무 불쾌한 모습이었다.

사실 협력 물품은 봉사단원과 KOICA와의 관계로 기관과는 특별한 관련이 없다. 확인 감독할 위치에 있지도 않다. 어쨌든 접근 방식이 유쾌하지 못했던 것 같다.

나는 학교장으로 근무할 때 백여 명의 직원. 1,500명의 학생들이 있어도 항상 믿음과 돈독한 신뢰로 시작하고 끝도 맺었는데, 이곳에서는 이런 식으로 뒤통수를 맞는 느낌이 드는 것을 무슨 일일까? 우리에게 필요한 것은 믿음과 사랑이다.

개발원조의 목적은 개발도상국에게 개발원조가 필요 없도록 하는 데 있다. 즉, 개발도상에 있는 국가를 하루 빨리 개발시켜 더 이상 다른 나라에 의지하지 않고 스스로의 힘으로 살아갈 수 있도록 하는 것이다.

우리나라가 선진 원조 공여국으로서 국제 사회에서의 위상이 제고됨에 따라, 우리나라는 국제 사회에 ODA 규모를 2015년까지 GNI 대비 0.25%까지 확대할 것을 약속하였다. 최근 국제 사회 차원에서 공적개발원조(ODA) 규모 확대와 원조효과성 제고에 대한 관심이 증가함에 따라, 우리나라는 원조성과 창출에 기여하려는 목적으로 원조 규모의 확대와 효과적인 개발 협력 시스템을 구축하기 위해 지속적으로 노력하고 있다. 현재 UN이 권고하는 ODA/GNI 비율은 0.7%이며, 우리나라는 2011년 기준 0.13%의 ODA/GNI 비율을 2015년까지 0.25%로 끌어올리기 위하여 공적개발원조 규모를 지속적으로 증액하고 있다.

아무리 사소한 지원과 도움도 이런 관점에서 요청되고 또 지원되어야 한다고 생각한다. 그런데, 얼마 전부터 청장이 KOICA 담당 직원과 협의가 필요하다는 말을 했다고 한다. 배 관리 선생이 그런 말을 했었다. 그런데 유나 선생 담당이 하 선생인데 바빠서 오지 못하고 있었다. 그래서 화가 났는지도 모르겠다. JICA(일본봉사단) 담당자는 연락받는 즉시 우리 사무실로 직원이 왔고, 벌써 두 번이나 왔다. 그리고 꼭 같은 세미나를 개최하려니 자이카가 경비를 담당하라고 했다고 한다. 일본은 일부를 담당하겠다고 했다. 그런데 이런 경우 두 봉사 기관을 한 사무실에 거주하게 하면서 지원을 경쟁시키는 분위기는 적절하지 않아 보인다. 한 곳은 철수함이 옳을 것 같다. 이 문제로 아끼꼬도 나에게 와서 하소연하며 어떻게 해야 될는지 모르겠다고 곤혹스러워한다.

페타이어를 이용한 놀이 시설

달콤한 휴가

오랜만에 글을 쓴다. 4월 8일 국외 휴가를 내고 제주도로 갔다가 28일 돌아왔다. 제주도에 가서는 사랑하는 가족들을 거의 9개월 만에 만났고, 서귀포 처가댁, 또 형님, 친척, 친구들을 만났다. 여러 가지 모임에도 참석했다. 또 일곱 차례 고사리 꺾기도 했다. 오전에 갔다가 두세 시간 작업하고 돌아오면 된다. 집사람과 함께 네 차례 갔었고, 세 번은 혼자 다녀왔다. 집사람 안젤라와 함께 가면 기분이 훨씬 좋다. 그사이 쌓인 얘기도 나누고 집안과 아들딸 걱정도 함께 한다. 아들딸도 별 탈 없이 잘 지내고 있으니 기뻤다. 모든 것이 뜻대로 다 이루어진 것은 아니지만.

특히 성당 친구들과의 만남, 교리교사들, 미카엘라와 그라시아 자매님과의 만남도 행복했다. 미카엘라 자매님은 예비자 동료 교리 교사로 세네갈에 있는 동안 거의 매일 메신저로 소식도 전해 주고 좋은 글과 영성에 관한 자료도 보내주어서, 세네갈에서의 성공적인 정착을 영적으로 지원해 주었다. 너무 고마운 분이다.

나는 특별히 두 자매를 위해서 목각과 그림을 준비해서 전했다. 한국에서 떠나는 날 아침엔 6시 30분 아침 미사 후에 보좌 신부님, 현상숙 총회장, 청년위원장 국윤학, 그라시아 자매와 함께 해장국을 먹었다. 이날 아침 미사는 역시 미카엘라 자매님이 나를 위해 특별 미사를 봉헌해 주셨다. 너무 고마운 분들이다. 한국에서의 모임은 로사리오(성당), 천사 모임(퇴직 교장 모임), 금난계(친구 모임), 또 부사모(부인을 사랑하는 모임) 등이 있었다. 짧은 기간에 많은 모임에 참석하다 보니 오히려 휴가가 더 바빴다. 그러나 오랜 기간의 만남을 함께 모아서 하는 마음은 너무나 기뻤다.

사무실에 출근해서는 한국에서 준비해 온 선물을 모든 직원에게 나누어 주었다. 손톱깎이와 볼펜이다. 모두가 작은 선물이지만 좋아했다. 청장에게는 치약 등 조금 특별한 선물을 했다.

집에 도착해 보니, 집은 꽁꽁 잠그고 갔으나 쓰레기, 먼지, 모래 등이 어디서 왔는지 집 안과 베란다, 현관 밖에 가득하다. 두 차례 쓸고 닦으니 어느 정도 깨끗해졌다. 저녁때 유나 선생이 부른다. 이득규 선생, 최동선 선생과 함께 저녁을 하는 데 함께 초청한다. 가보니 갈치구이와 김치찌개가 올라와 있다. 세 분은 84기 동기로 자주 모여 외로움을 달랜다. 나는 가끔 끼여서 나의 외로움을 해소하고 즐거움을 나눈다.

왜 이 선생이 백일제에 참석하지 않았는지를 설명했다. 동기 단원들 사이에도 사이가 다 좋은 것은 아니어서 아마 한 동기와 크게 틀어진 것 같다. 참석하면 오히려 전체적인 분위기가 나빠질 것 같아 가지 않았다고 한다. 최동선 선생님이 오래전부터 '모링가 네보다이'라는 나무 약재에 대해서 이야기 했다. 인도 동남아 등에 서식하는 나무로 약재로 사용된다고 한다. 그리고 이곳에 사는 많은 교포들이 이 약의 효능을 이야기하고 복용하고 있다는 말을 했다. 마침 이곳에서도 많은 나무들이 재배되고 있으니 한번 사용해 보라고 한다. 인터넷에 검색해 보니 한국에서 약재, 화장품, 차 등으로 이미 많이 팔리고 있고 중국상이 또 몰려와서 시장에 싸게 판매되고 있다고 한다. 효능을 보니, 당뇨, 고혈압, 고지혈증 등 소위 만병통치약이다. 그러나 과학적으로 검증된 것인지는 모르겠다.

한글학교 백 목사님 말씀이 이곳 약국에서 보통 백 그램에 천 내지 이천 세파에 판매하고 있고 자신도 구입해서 숟가락으로 매일 한두 개씩 복용한다고 했다. 최 선생님 말씀이 그런데 현지에서 판매되는 것들은 거의 먼지 모래에 오염된 것을 건조하여 분쇄한 것으로, 유해 성분이 많이 포함되었을 것이라 한다. 자신은 원재료를 구해다가 집에서 다섯 차례 세척하고 음지에서 말려 분쇄하여 복용하고 있다고 했다.

나도 우리 직원을 통해 나뭇잎을 조금 구했다. 씻고 말려서 유나 선생의 믹서를 빌려다 갈아서 요즘 조금씩 물과 함께 먹어 본다. 효험이 있는지 모르겠으나 먹기에 거북하지는 않다. 사람은 다른 사람의 말을 잘 듣게 되어 있고 혹하는 본능이 있나 보다.

사무실 직원 마마두에 의하면 이곳에서는 전통적으로 배앓이를 한다든가 몸이 아프면 모링가를 써왔다고 한다. 그런데 현대 의학이 발달하면서 좋은 약들이 많이 공급되니 더 이상 사용하지 않는다고 했다. 또 섹팔은 지금도 자기 집에서는 음식을 할 때 조금씩 넣어서 조리한다고 한다. 효과는 있으리라 생각된다. 단지 한국 사람들은 먹는 것, 약효 등에는 워낙 민감하고 혹해서 유행처럼 몰려들다가는 어느 순간 잦아들기 때문에, 이것도 한때의 유행이 될는지도 모르겠다. 또한 만병통치약으로 이를 사용해 보려는 나도 많은 문제가 있는 사람 같다.

탈리베 협력활동

탈리베 학교 협력활동을 다녀왔다. 탈리베는 원래 아랍어로 남학생(School Boy)를 뜻한다. 그런데 실제로는 거리에서 구걸하는 아이들의 통칭이다. 탈리베들에 대한 정확한 내용과 계보는 모르지만 상당수의 아이들이 집안이 어려워 소위 종교 지도자인 말라부에게 부양과 교육을 위탁한다.

말라부는 세네갈에만 아마 50명 가까이 있는데 이슬람의 큰 존경을 받는 지도자들이다. 그들이 하는 일 중의 하나가 어린이들의 위탁 교육을 수행하는 일이다. 길거리에 수없이 보이는 탈리베들은 교육 과정의 일부로 생존의 방법을 익히기 위해서 구걸을 하고 오후 늦게는 함께 모여 아랍어를 중심으로 교육을 받는다. 성당에 가는 길에도 집단 숙소와 교육장이 있고 버스를 타고 산다가를 가다 보면 30명 가까이 모여 작은 칠판에 아랍어를 쓰고 청년 교사의 지도로 함께 따라 읽는 교육 장면을 자주 보게 된다. 이들은 부모의 보호망 밖에 있기 때문에 위생, 주거, 의복, 질병 등 많은 문제에 노출되어 있다.

오늘 간 곳은 SD 미국학교에서 돌보는 탈리베 전용 시설이다. SD 미국학교는 이곳에 있는 ISD 미국학교와 쌍벽을 이루는 명문 외국인 학교다. 우선 SD 미국학교에 가서 그곳 선생님과 함께 탈리베 보호소로 갔다.

보호소는 50평 정도의 아주 협소한 가정집이었다. 조금 개조를 했는지 모래운동장이 10평 정도 있고 주방, 샤워실, 교육실, 교사실 등이 조밀하게 붙어 설치되어 있었다.

전담 교사는 Miss Catherine이라는 아주 예쁘고 키가 큰 미국 여교사였고 나이는 29세라고 한다. 보조 교사로 세네갈 여선생님이 한 분 함께 일하고 있었다. 탈리베 아이들은 25명 정도 있었다. 이곳에서는 아이들에게 무상으로 세탁, 목욕, 질병 치료, 교육 등을 제공해주고 있었다. 거의 버려지다시피 한 이들에게 이런 혜택은 대단한 것이다.

KOICA에서는 김유나, 이득규, 이승민, 최동선 그리고 나 다섯 명이 참여했다. 우리는 음식, 약품, 교육 도구, 풍선 만들기 재료, 페이스 페인팅 재료 등을 준비해 갔다.

나는 이득규 선생과 함께 상처 치료을 맡았다. 아이들은 거의 모두 외상을 앓고 있었다. 특히 피부색 때문에 앓고 있어도 잘 노출되지 않아서 계속 상태가 악화되고 있었다. 10세 정도 된 한 아이는 전신이 부스럼으로 덮여 있었다. 정말 손쓸 방법이 없었다.

캐더린에게 이 아이를 보여주면서 어떻게 해야 하느냐고 물었더니, 그 아이는 너무 심해서 의사의 치료를 받고 있다고 했다. 제대로 치료를 받고 예쁜 피부가 다시 회복되었으면 좋겠다. 그러나 그 아이의 표정은 너무 밝았다. 우리는 준비해 간 재료와 자료로 함께 놀이도 하고, 치료도 하고, 풍선도 만들어 장난치면서, 한나절을 보냈다. 처음에는 가까이 오지 않으려던 아이들도 나중에서는 함께 눌어붙어 장난도 치곤했다. 이 탈리베 거리의 아이들의 문제는 근본적인 대처 방안이 마련돼야 한다고 생각했다.

인터넷을 검색해 보면 탈리베 아이들은 하루에 3백 세파 이상을 구걸해 바쳐야 하고, 의식주도 스스로 해결해야 한다.

모든 국민의 출발은 평등해야 하는데, 그들은 출발부터 너무 먼 곳에서 너무 어려운 환경에서 시작하고 있으니, 사회는 어떤 일들을 해주어야만 할 것 같다. 또 어느 정도 나이가 차면 그들은 독립하여 나가야 하는데 사회에 적응할 능력이 없으면 또 문제가 되는 것이다.

자신의 차로 우리를 이곳으로 안내해준 분은 MS Adams라는 할머니다. 그녀의 남편이 미국에서 지리 교사로 근무하다 정년퇴직을 한 후에 이곳에서 일하게 되어 함께 살고 있는 것이라고 했다. 그녀는 한국에 대해서 관심이 많아 보였다. 알고 보니 그녀의 아들이 공군 장교인데 다음 달부터 한국에서 근무하게 된다고 했다.

그녀도 남편과 함께 11월에 아들 만나러 한국을 방문한다고 한다. Catherine은 탈리베를 전담하여 매일 그들과 지내고 있다. 모든 면에서 정도를 벗어난 그들에게 나름대로 요일마다 교육 프로그램을 마련하고, 씻기고 세탁하고 치료하고, 그 모든 일을 미혼인 젊은 아가씨가 혼자 하고 있으니 존경심이 우러나왔다.

오늘의 교육 프로그램은 영화를 통한 문화 교육이었다. 아이들은 모두 교실에 앉아 애니메이션 영화에 몰입해 있다. 큰 아이들도 두세 명 있다. 아이들은 고정적으로 이곳에 오는 것은 아니다. 매일 바뀌기도 하고 또 계속 나오기도 한다. 나는 그녀에게 내가 어린 시설 보고 배웠던 미국 평화봉사단을 얘기했더니 그녀도 관심을 나타내 보였다. 그녀는 이곳에 근무한 지 1년이 되었는데, 앞으로 1년 더 근무할 생각이라고 한다.

봉사활동을 마치고 안마리스트에 있는 동물원 공원으로 함께 갔다. 늦은 점심을 함께 하면서 오늘을 정리해 보고 앞으로도 이런 기회가 있으면 자주 참여해야겠다는 생각이 들었다.

탈리베와 풍선 만들기 / 거리의 아이들을 위한 활동 / 탈리베 외상 치료 활동

유치원 리모델링

오늘은 협력활동으로 유치원 방문을 했다. 유치원장이 한국 연수를 다녀온 분인데, 막상 귀국하여 한국에서 보고 배운 것을 적용해 보려고 해도 자료와 교구가 없어 KOICA에 지원을 요청했다. 그래서 유나 선생이 중심이 되어 그사이에 준비했고 오늘은 환경 구성 시범 수업 등을 대대적으로 하는 날이다.

유나 선생, 최동선, 이승민, 서유진, 권덕용 그리고 나를 포함하여 6명이 투입되었다. 우선 시범 수업을 했다. 1교시는 자투리 옷감을 이용해서 미술 작품을 만드는 것이다. 어제 집에서 유나 선생과 버려진 천을 모아다 저고리와 치마, 또는 웃옷과 바지 형태로 많이 잘라 놓았다. 이것을 화선지에 붙이고 여기에 머리, 손과 발등을 그려 넣어서 그림을 입체적으로 완성하는 것이다. 이곳의 전문 미술가들이 이러한 형태의 그림을 많이 판다. 아이들은 우선 붙이고, 나머지 부분을 완성하면서 아주 즐겁게 참여했다. 선생님들도 처음해 보는 일이라 함께 즐겁게 참여했다.

이어 운동장에서 우리 사무실에 비치되어 있는 장애물을 이용한 놀이 활동을 했다. 원, 미끄럼틀, 교통 장애물 등 여러 가지로 구성된 이 기구들은 통과하면서 주의력, 집중력, 단체 활동을 향상시키는 것으로 우리 유아교육청에 비치된 교구를 모두 이곳으로 이동했다. 이것들은 한국에서 구입한 것들이다.

아이들이 귀가하고 환경 구성과 학급 리모델링에 들어갔다. 모든 벽면에 꽃과 나비와 나무 등으로 구성된 그림들을 둘러가면서 전체적으로 붙여 교실이 화원과 같은 분위기를 만들었다. 입구에는 사슴 나비 무리와 서양 화원의 아름다운 모습을 부착했다. 또 칠판 위에는 여러 개의 꽃과 나비를 붙였다. 또 새로 구입한 8십여 개의 사물함을 벽면에 배치하고 키 재는 도구도 입구에 놓았다. 또 거울과 각종 놀이 및 학습 도구도 비치하고, 학습 도구함도 조립하여, 각종 자료와 도구를 정리하여 적절히 안배했다.

놀이 기구, 학습 도구, 장난감 모형, 동화책, 지도 등을 비치하니, 교실 전체 환경이 모두 바뀌었다. 한 학급밖에 없는 이곳의 교실 환경이 완전히 달라졌다. 한국 연수를 다녀와서 한국말을 몇 마디 익힌 원장은 연신 '감사합니다'라는 말을 반복했다. 처음과 바뀐 후를 비교해 보니 보람과 기쁨을 느끼게 되었다.

행사를 끝내고 모두 우리 집 근처에 있는 Boulangeire Jaun 식당에서 저녁을 먹으며 서로의 수고를 되새겼다. 이 행사를 위해 몇 시간씩 그 덜컹대는 셋플러스와 또 10시간이나 걸리는 땀바에서 야간 버스를 타고 온 서유진 단원의 봉사 정신은 대단해 보인다. 정말 착하고 예쁘다.

저녁 미사에 갔다. 이번 주 내내 큰 미사가 열리고 있다. 제대가 깜빡이 전구로 장식되고 성가대에는 여러 개의 마이크와 앰프 시설 등이 크게 자리 잡고 성가대가 확장되었다. 미사 중에는 아름답고 성스러운 천

상의 소리를 들을 수 있었다. 그러나 너무나 긴 강론은 특히 거의 이해도 못하기 때문에 따분하게 느껴졌다. 30분 이상 진행된 강론이었다. 한국에서는 5분에서 7분 정도 한다.

미사 끝에 성가발표회가 있는 모양이다. 그런데 밤이 너무 깊었다. 귀가가 걱정이 되어 성가 듣기는 포기했다. 터벅터벅 풀풀 날리는 모래 먼지를 뒤집어쓰며 집으로 돌아왔다. 오늘 힘들었지만 행복한 순간이 많았다.

열악한 유치원 교실 환경 / 자투리 천을 이용한 미술 활동 / 해맑은 아이들

어떤 졸업식

오늘은 한글학교 졸업식 및 수료식 날이다. 내가 담임했던 4학년은 두 명이 수료한다. 김지은 어린이는 우등상을 받고 송선국 어린이는 개근상과 독서상을 받는다. 지난번에 시험을 치렀는데 지은이는 90점을, 선국이는 조금 낮은 점수를 받았다. 그러나 지은이는 몇 차례 결석을 했고 독후감도 잘 제출하지 않았다. 선국이는 스물두 번 제출했다. 한 번만 더 제출했으면 최우수 독후감상을 받을 수 있었는데 아쉽다.

다문화 가정 학생으로는 김요한이 특별상을 받았다. 그의 아버지는 수산업을 크게 하고, 어머니는 레바논 미녀다. 세네갈 교민 중에 가장 부유한 사람이 그의 아버지라고 사람들은 말한다. 갈치 수출업을 한다. 지은이 부모님과 또 선국이 가족도 모두 참석했다. 선국이는 부모님 여동생, 남동생까지 해서 다섯 명의 전 가족이 참석했다. 아버지는 목사로 이곳 현지에서 두 곳의 교회를 운영하고 있다. 아버지는 키가 크고 호남이며 어머니는 한국적 분위기가 물씬 풍기는 예쁜 여자다. 선국이의 희망이 아버지처럼 목사가 되고 싶다고 하는 것으로 보아서, 자녀 교육을 아주 잘 시키고 있는 모범적인 가정 같다.

선국이는 내 앞에 앉아서 그사이에 집에서 있었던 일들을 종알댄다.

항상 착하고 귀엽다. 이번 방학 때 한국에 있는 선교회에서 가족 모두를 한국으로 초청한다고 해서 너무 기쁘고 기대가 된다고 한다. 그런데 아버지가 비행기 값을 정확히 설명하지 않아서, 자기네가 손해를 보게 되었다고 투덜댄다. 도란도란 대화가 많은 행복한 가정이다.

대사관에서는 조 참사관과 강 영사가 참석했다. 서울식당을 운영하는 한인회장도 보인다. 며느리가 사회를 보고 시아버지인 백 목사님이 졸업식을 진행한다. 내가 보기엔 식순이 좀 어긋났지만 그게 무슨 상관이 있으랴.

식이 끝난 후에는 간단한 다과를 학교에서 먹고 돌아왔다. 한글학교에서 근무하면서 어려운 점들도 많았다. 어느 학년에서는 학교와 학부모 사이에 오해가 있어서 학생들을 중도에 다니지 않도록 하기도 하고, 또 그 전해에 무슨 일이 있었는지 올해부터는 학생들을 안 보내기도 하고, 학교와 학부모 모두 힘들고 신경이 쓰이는 일들이 있었다. 또 선생님과 경영자 사이에도 언짢은 분위기도 많았다.

선생님들이 중간에 그만두셨다고 말하기도 하면서, 의견이 충돌하기도 하고, 행사를 하면서 서로 마음이 상하기도 했다. 아주 열심인 선생님을 중간에 갑자기 그만두게 만들기도 하여, 모두가 속상해하기도 했다. 특별한 설명 없이 인사권을 휘두르기도 하고, 아주 작은 집단이지만 다사다난했던 한 해였다.

나도 휴가 중에 Better World 신 선생님이 대신해서 3주간 도와주었는데 신 선생님을 계속 쓰겠다는 말에 황당하기도 했다. 그사이에 공부한 것에 대한 출제 평가 등도 해야 하는데, 실제 신 선생님은 발표회 준비만

했지 수업은 한 시간도 하지 않았었다. 아무 설명도 없었고, 나도 황당했다. 나는 어쨌든 봉사하는 것이 원칙이므로 그에 상관없이 계속 수업도 하고, 평가도 하고, 수상자도 결정하여 깔끔하게 마무리 지어 봉사할 수 있어서 기뻤다. 그러나 또 다른 선생님은 갑자기 나오지 말라고 해서 당황했고, 많은 실망감을 느꼈을 것이다. 그녀의 남편은 미국대사관에 근무하는 미국인이고 그녀는 신앙심이 두터운 기독교인이었다.

저녁때 배윤정 선생, 정종량 선생과 함께 안마리스트 식당에서 저녁을 함께 했다. 국수와 볶음밥, 스테이크가 나왔다. 그런데 스테이크는 너무 질겨서 먹지 못했다. 사무실 얘기, 업무 이야기 등을 나누었다. 관리요원들이 많지만 이렇게 시간을 자주 많이 내주어서, 서로의 어려움도 듣고 생활의 지혜도 교환하고 하는 관리 요원은 별로 없어 보인다. 배 선생은 아주 훌륭하고 좋은 인품을 지니고 태어난 것 같다. 오늘도 그녀가 식사비를 부담했다. 정말 미안할 뿐이다.

정 선생은 많은 여성들과 부대끼면서 산다고 토로한다. 아파트 위층에 사는 가족들은 거의 여자들로 이혼한 어머니와 자매들 또 조카와 딸들 여럿이 함께 산다고 한다. 그런데 아이들이나 자매들이 자주 방문을 하고, 자기 컴퓨터도 마음대로 사용하고, 영화 보여 달라고 조르기도 한단다. 또 많은 여자들이 자기 생일, 공휴일, 집안 행사 등이 있으면 항상 찾아와서 돈을 달라고 한다는 것이다. 집까지 찾아와 도와달라는 여자들도 많다고 한다. 마음 착한 성품으로 자주 도와주니까 그들도 습관이 된 것 같다.

배 선생은 휴가를 다녀왔고 휴가를 통해 에너지가 충만해진 것 같다.

휴가 중에 어머니와 태국에 다녀왔는데, 너무 많은 볼거리, 너무 맛있는 음식들 또 오랜만에 진하게 나누는 어머니와의 어떤 담론과 대화 등으로 뜻깊은 시간을 보냈다고 한다.

그녀의 아버지는 통계청 공무원으로 근무하다가 50대 후반에 사무실 근무 중 뇌졸중으로 쓰러져 명을 달리했다고 한다. 그러니 모든 짐을 어머니가 지고 사셨으니, 많이 힘들었을 것이다. 우리가 함께한 알마디식당은 바다와 접해 있었고, 깨끗하다 못해 정갈해 보였다. 주변 식당들도 활기차 보였다. 세네갈에 이런 곳이 있다니 놀라웠다. 이 깊은 밤에 모두가 바쁘게 활동하면서 음식을 즐기는 모습을 보니, 한국의 밤이 떠오르기도 했고 세네갈도 이제 많이 바뀌고 있다는 생각이 들었다.

세계 최고의 교육

글 쓸 때만 시간이 빨리 흘러간다는 것을 느끼게 된다. 평소의 시간은 너무도 느리게 흘러가는데 말이다. 기관에서 세미나가 있었다. 각 교육청 및 일선학교 유치원 선생님들 4십여 명이 초청되었다. 유나 선생이 마지막으로 여는 세미나인데, 나는 기조 강연으로 '세계 최고의 교육-한국'에 대한 내용을 2십여 분간 프레젠테이션을 했다. 전에 다른 곳에서 한 번 했던 내용이어서 그 사이에 변경된 내용과 새로운 사실들을 보완했다. 원고도 수정하고 파워포인트도 손봤다. 특히 그사이에 세네갈 대통령이 한국을 방문했었다. 그래서 Macky Salle과 박근혜 대통령과의 악수하는 장면 양국 정상들 간의 그룹 회의 사진 등을 보여주었다.

초청한 분들이 다 오지는 않았다. KOICA에서는 하유선 선생, 최동선 선생, Aminata가 참석했다. 원래 9시에 시작할 예정이었으나 참석자들이 늦게 와서 열시 반이 되어야 시작되었다.

SEN TV에서 취재를 나왔다. 디렉터, 유나 선생, 나, 아끼꼬 등이 취재에 응했고 저녁때 TV에 나왔었다.

오늘은 단체 연수에 이어 교사들에게 숫자판 만들기, 알파벳 만들어 쓰기, 종이 접기 등 교육이 이루어졌고, 5천 세파짜리 점심이 제공되었다. 돌아갈 때는 학교나 사무실에서 활용할 수 있는 푸짐한 자료 선물을 한 아름씩 안겨주었다. KOICA에서 지원한 것이다.

오늘 활동 중에는 재활용품을 활용한 수업 자료 만들기가 돋보였다. 빈 병을 활용한 악기 만들기, 생수 통을 이용한 도구 상자 만들기 등이 돋보였다. 이런 때는 청장이 늦게까지 있으면서 격려해주고 해야 하는데, 일찍 몸이 아프다고 일찍 퇴근해 버렸다. 마무리가 쓸쓸했다. 유나 선생은 마무리를 잘해서 기뻐 보였다. 이제 쉬면서 귀로 여행을 준비하고, 귀국하는 일만 남았다.

인근 유치원에서

유치원 교사들을 위한
폐품 활용 자료 제작 연수

땀바쿤다 주지사와의 만남

지난주에는 월요일부터 수요일까지 3일간 출장을 다녀왔다. KOICA 사무실에서 출장 팀이 있어서 사무실 스타렉스를 함께 이용했기 때문에 편한 출장이 되었다. 배윤정 선생, 정종량 자문관, Aminata가 함께 갔다.

사무실에서는 정기 단원 안전 점검이 있었고, 나는 땀바쿤다의 유치원 현황 파악이 주요한 출장 목적이었다. 그 사이에 Diourbel, 까오락, 땀바쿤다, Mbour 등 KOICA 단원들이 근무하는 모든 교육 기관을 모두 돌아보는 것이었다.

이득규, 최순옥 선생님들은 너무도 열악한 조건 속에서, 힘들지만 열심히 활동하고 계셨다. Tambacounda는 온도가 45도를 오르내리고 있었고 숨이 막힌다는 것이 정말 이런 것일 것이다. 그곳에서는 서유진 컴퓨터 단원이 불평 하나 없이 즐겁게 활동하고 있었다. 또 지금은 방학이라 쉬어도 되는데 그녀는 특별 보충 과정을 개설하여 열심히 가르치고 있었다.

단원들의 숙소도 일일이 찾아가 보았다. 그런데 공통된 특징은 모든 단원들이 자기 방에 자신의 생활신조, 목표, 좌우명 또 생활 점검표 등을 붙이고 그 실적을 기록하면서 성실하게 생활하고 있다는 점이었다. 인상적인 젊은이들의 흔적들을 많이 볼 수 있었다. 대부분의 단원들은 신앙을 기본으로 하고 목표를 정하고 세부 내용을 계획하여 실천하고 있었다. 그중에는 프랑스어 급수 시험 준비, 돈 절약하기, 기도하기, 책 읽기, 교육 목표 달성하기, 현지어 익히기 등이 포함되어 있었다.

나는 16일 Tambacounda에서 오전에 유치원 방문 활동을 했다. 아침 9시에 Le Relais de Tamba 호텔로 교육청 사람이 찾아왔다. 오토바이를 갖고 왔었다. 오토바이는 한국에서 타본 지가 워낙 오래 되어서, 그 직원의 뒤에 탔는데 무척 걱정이 되었다. 특히 KOICA에서는 오토바이 탑승은 금하고 있기 때문이다. 워낙 예기치 않은 교통사고들이 많이 생기기 때문이다. 그러나 직원은 능숙하게 운전하여 교육청에 곧바로 도착했다.

담당 장학사와 교육장을 만나 방문 목적과 일정 등을 설명했다. 한참 후에 여선생님 한 분이 왔는데 영어 통역을 도와주겠다고 했다. 여선생님, 장학사, 그리고 나 셋이서 택시로 유치원을 방문했다.

너무 낡은 교실에 청소도 제대로 되지 않아 거미줄이 덜렁거리고 여기저기 쓰레기들이 쌓여 있다. 일여덟 명의 이미니들이 아이들 간식을 준비하고 교육도 돕고 있었다. 아이들은 모두 운동장 모래 더미에서 서로 어울려 놀고 있다. 전날 비가 와서 운동장 사정도 여의치 않은데 특별히 활동할 넓은 공간이 없으니 젖은 모래더미 위에서 활동할 수밖에 없나 보다. 교실은 낡은 시멘트 바닥이 반은 패여 있고, 오래된 흑판이 전부다. 특별한 자료나 교구도 없다.

두 번째 유치원도 택시로 이동했다. 처음보다 더욱 열악한 환경이었다. 아직 12시가 되지 않았는데, 아이들을 벌써 귀가시켜 버려 선생님과 보조 교사만 있었다. 교육 과정 운영과 시설, 수업료 등을 대충 파악하고, 학생들이 없어서 교사와 학생 활동을 파악할 수 없어 조금 일찍 자리를 떴다.

워낙 변두리에 위치한 유치원이어서 시내로 나오는데 어려움이 있었다. 우선 큰길로 나와서 버스를 탔다. 중간에 내려 말 마차로 갈아탔다. 말 마차도 처음 타 본다. 장학사는 먼저 돌아가고 여교사와 내가 말 마차를 함께 탔다. 모든 게 개방되어서 시원하고, 또 시야가 확 트인다. 막상 타 보니 쾌적하고 빠르지 않은 속도에 주변도 살펴보고 좋았다. 우리는 주청사 앞에 내렸다. 주청사에서 KOICA 다른 팀들과 합류하여 주지사를 만나기로 되어 있었다.

나는 안내실의 경찰관에게 한국 KOICA 단원들이 주지사와 면담을 하고 있는데 그곳까지 안내를 부탁했다. 그런데 그는 여기저기 알아보더니 한국 사람들과의 면담 계획도 없고, KOICA 차량도 오지 않았다고 한다. 아직 이곳에 도착하지 않았나 하여 우선 주변을 살펴보았다. 역시 차량이 없었다. 배 선생에게 전화해 보니 회의 중인지 통화가 안 됐고, 정 자문관은 지금 회의 중이니 기다리라고 하면서 끊는다.

나는 혹시 주지사실에서 회의를 하고 있는데, 이곳에서 파악이 안 된 것이 아닐까 하고 주지사 관사로 갔다. 주청사와 주지사 관사는 한 구내에 있고 아마 집무는 관사에서 주로 처리하는 것 같다. 직원들이 결재할 것들을 갖고 청사에서 집무실로 들락날락하는 것을 보았기 때문이다. 나는 그냥 주지사 관사로 갔다. 노크를 하니 들어오라고 한다. 주지사는 문서를 결재 중이었다. 나 자신을 소개하고 KOICA와 오늘 면담이 있다고 들었는데, 혹시 지금 회의 중인가 해서 왔다고 했다. 주지사는 오늘 그런 계획이 없다고 하며 친절히 맞아 주었다. 나는 죄송하다고 말하고 돌아왔다. 입구에서 기다리니 조금 후에 우리 팀이 도착했다.

오늘 주지사와 협의 내용은 다음과 같은 이유 때문이었다. 두 해 전에 이곳 시청사의 낡은 건물을 KOICA가 리모델링하여 태권도장으로 사용하고 있다. 그런데 시청에서 이를 밀어버리고 새 건물을 짓겠다는 것이다. 엄청난 예산을 투입했는데 갑자기 이런 조치가 이루어진다고 해서, 가능하면 계속 사용하고, 안 되면 얼마간이라도 사용 기간을 연장하도록 부탁하려는 것이었다. 그래서 시장, 주지사, 정무 시장 등이 함께 만나 회의를 할 예정이었다. 그런데 어느 곳에서 조율이 잘 안 돼서 일부 스탭만 만나 다른 장소에서 협의를 한 것이었다.

배 선생에 의하면 이곳 태권도 한국 사범이 귀국해 버려 현지인 사범이 운영하고 있는데, 정작 오늘 시장과 만나 협의하고 사정해야 할 원장인 사범이 회의장에 나타나지도 않았다고 한다. 가장 중요한 당사자가 시청과 협의 현장이 껄끄러운지 약속에 안 나왔으니, 우리로서는 참으로 황당한 일이었다. 본의 아니게 나는 주지사도 만나고 짧은 인사도 나누었으니, 운이 좋았다고나 할까 괜찮은 진행이었다.

오는 길에 띠에스에서 망고를 구입했다. 말로는 10kg에 2천 세파라지만 5kg 정도 되어 보였다. Aminata가 골라 주었다. 한국에 비해서는 엄청나게 싸다. 2천 세파는 한국 화폐로 4천 원 정도이다. 이번 출장에 많은 도움을 준 배윤정 관리 선생이 고맙다.

유치원 교사들과 수업 협의

장학사들과 수업 참관

추기경의 세례식

오늘은 성대한 미사가 있었다. 지난번 광고 중에 추기경(cardinal)이란 말을 몇 차례 들었었다. 그래서 혹시나 추기경이 오시나 해서 안내판을 보았는데, 그곳에는 추기경 방문에 대한 홍보 내용은 없었다. 그런데 오늘 미사에 추기경이 오셨다. 다른 주교님과 2십여 명의 사제단이 함께 올리는 성대한 미사다. 나는 한국에서도 추기경님이 직접 집전하는 미사에 참례해 본 적이 없는데 개인적으로 대단한 영광이었다. 물론 여의도 광장에서 요한바오로 2세 교황이 집전한 한국 천주교 전래 200주년 미사에 참석한 적은 있었다. 너무 많은 신도들 사제들로 그때는 정신없이 참례했었다.

예물 봉헌을 할 때는 십여 명의 소녀들이 성당 입구에서부터 전통 춤을 추면서 천천히 입장했다. 바구니마다 예물이 가득 차 있는데 망고, 바나나, 파파야, 사과, 오렌지 등이 들어 있다. 추기경은 일일이 소녀들 머리에 손을 얹고 축복해 준다. 모든 예식은 성가로 진행되었기 때문이 많은 시간이 소요되었다.

미사 중에는 5명의 아이들에 대한 세례 의식도 있었다. 세례는 새로운 영적 생명으로의 탄생이다. 물과 성령으로 다시 태어나지 않으면 영원한 생명을 얻지 못한다는 하느님의 말씀에 따라 이들은 세례를 통해 오늘 완전히 깨끗한 인간으로 다시 태어난 것이다. 한국에서는 태어나면 가능한 빨리 세례를 받지만, 오늘 세례 받는 아이들은 아기도 있었지만, 큰 어린이들도 있었다. 평화롭고 아름다운 절차였다.

나중에 인터넷에 검색해 보니 추기경은 Theodore Andrier Saar라는 이름을 가졌다. 78세이고 까오락에서 대주교를 거쳐 10년 전에 추기경이 되었다. 겉모습은 아주 부드럽고 친절하며 인자하고 섬세해 보였다. 전임 추기경도 까오락 주교였으니, 그 지역은 전통적으로 가톨릭이 강세를 보이는 지역 같다.

까오락은 두어 번 가본 적이 있는데 무척 더운 곳이다. 다카르에서는 4시간 반 정도 걸린다. 카메라를 갖고 오지 않은 게 후회스러웠다. 정보를 정확히 터득하지 못한 것이 실수였다. 나도 이제부터라도 더 열심히 신앙생활을 해서, 영원하고 변치 않는 생명을 얻기 위한 노력을 게을리하지 말아야겠다고 다짐해 본다. 또 믿음으로 얻는 교훈은 꼭 실천하도록 힘써야 하겠다.

유아 체험학습 센터 세우기

이곳에 온 지 1년이 지났다. 지난 7월 20일이 1년째 되는 날이다. 다시 새로운 1년이 시작되었다. 지난 1년의 경험을 바탕으로 살아가면 조금은 쉽게 지낼 수 있지 않을까 하는 생각이 든다. 차분하게 일 년을 잘 마무리해야겠다.

지난 1년 동안의 현장 방문, 현황 파악, 수많은 토의와 협의를 거쳐 마련한 'KOICA 세네갈 유아 교육 체험학습 센터' 건립 프로젝트가 실행되면 좋으련만 어찌 될는지 모르겠다.

이 프로젝트는 150억 원의 경비가 소요되고 5층과 2층 건물이 세워지는 거대 프로젝트이다. 이 프로젝트가 실현된다면 아프리카 최초, 최신의 유아 교육 체험학습 센터로서 유아 교육에 대한 모든 것을 이곳에서 실천할 수 있고, 또 아프리카 유아 교육의 요람으로 모든 국가에서 벤치마킹을 하게 될 것이다.

나는 4십여 쪽의 프로젝트를 영어, 프랑스어로 만들어 우선 청장에게 설명하고 이어서 전 직원을 대상으로 한 프레젠테이션을 했고, 소위원회를 구성하여 십여 회 부분별 토의를 해가면서 최종안을 마련했다. 이어서 KOICA 신청 양식에 맞게 작성한 다음 청장과 함께 KOICA 사무소를 방문하여 소장님께 상세한 브리핑을 했고 계획안을 제출했다.

그러나 실천 단계까지는 여러 가지 어려움이 있어 보인다. 우선 지난 번 Malky Salle 대통령이 한국을 방문했을 때 몇 가지 우선 지원 사업을 요청했었다. 그중에는 영유아 돌봄 센터(Baby Care Center)를 여성부에서 요청했던 모양이다. 우리와 겹치는 부분이 조금 있다. 전국에 300개의 돌봄 센터를 지어달라고 요청하고 있다고 한다. 우리는 하나만 해달라는 것인데 다카르에는 서로 병합한 형태의 시설도 가능해 보인다.

예산이 한정되어 있고 지속 사업, 중점 사업, 그리고 KOICA 본부에서 지시한 사업 등을 우선하다 보면, 아무리 좋은 프로젝트를 제안해도 실현은 어렵다고 생각되기도 한다. 그러나 모든 것을 영점에서 세밀히 검토하여 우선순위를 정해야만 정말로 필요한 사업을 할 수 있지 않을까 하는 생각이 든다. 그래서 사실 나는 KOICA 김영복 이사장님께 '이사장과의 대화'를 통해 직접 나의 소망을 보내기도 하였다. 하지만 아직까지 아무런 연락도 받지 못했다. 아마 관계 부처에서 검토하고 있는지도 모르겠다.

방문을 환영해 주는 두 유치원장님과 아이들

손바닥 정원

집에 작은 정원이 있다. 베란다다. 한 평 반쯤 되는 공간이다. 유리문을 밀고 나가면 길 쪽으로 나있다. 이곳에 작은 화분 여섯 개가 옹기종기 모여 있다. 두 개는 구입한 것이고 네 개는 만든 것이다.

바오밥 나무 화분은 5천 세파에 구입했고, 파란 굴거리 꽃은 천오백 세파를 지불했다. 나머지 4개는 현지에서 조달한 것이다. 큰 다년생 나팔꽃이 있고, 노란 찔레가 있고 청록색 꽃이 있다. 또 먹다 버린 대추 야자 씨를 심었더니 거의 10개의 야자가 나와 자라고 있다. 좁은 화분 공간에 얼기설기 자리를 잡고 자라고 있다.

다년생 나팔꽃은 출근길에 지천으로 피어나고 있는데, 두 번째 옮겨 심어서 잘 자라고 있고 칭아한 꽃도 잘 피고 있다. 그런데 꽃은 딱 하루 밖에 피지 않으니 너무 아쉽다. 나팔꽃 씨앗이 생겨서 바오밥 화분으로 떨어졌는지 그곳에 새로운 나팔꽃이 자리를 잡고 열심히 자라고 있다.

노란 찔레는 역시 길가에 많이 자라고 있다. 한 그루 갖다 심었는데 잘 자라고 끊이지 않고 꽃을 피운다. 이삼일에 한 번씩 다른 꽃들이 피어난다. 또 파란 패랭이꽃도 있다. 한인 교회에서 줄기를 두 개 갖다가 잘라서 꽃꽂이를 했는데 대여섯 개가 자라났다. 매일 새로운 꽃을 피워 댄다.

틈날 때마다 작은 정원을 보면서 나의 식구이고 분신이라는 생각을 한다. 그러니 물주는 일을 게을리 할 수 없다. 이 삭막한 공간에 푸른색이 있고 생명의 움직임을 매일 느끼게 되니, 생활의 작은 변화와 희망을 품게 되나 보다. 그래서 가끔씩 카메라 셔터를 누른다.

나는 화초에 약간의 관심이 있다. 제주도 집에서 제주 한란을 30년 가까이 키워 왔다. 아주 오래 전 금방 생겨난 한란의 촉들을 구입하여 오래 키워 왔다. 나의 한란 재배는 그냥 일주일에 한 번씩 물을 주는 것이 거의 전부다. 그러나 그 꽃들은 해마다 예쁘고 고고한, 향기 그윽한 명품 꽃들을 피워오고 있다. 향기는 늦가을이 되면 온 집 안을 감싼다. 식물의 충직성에 항상 믿음이 가는 연유다.

이곳의 화분들은 Kiren 생수 통을 반으로 잘라서 사용하고 있다. 폐품이 아주 유용하다. 화원도 이 생수 통을 많이 이용하고 있었다. 더 화분이 많아도 공간이 없다. 하나 정도는 가능해 보이기도 한다. 동물을 키울 능력과 정성은 한참 모자라지만, 식물은 별로 힘이 들지 않으니 계속 키워 보아야겠다.

베란다에 조성한
아주 작은 정원

체험 수기 대상 받다

지난 휴가 때 제주도 집에서 우연히 공무원 연금 월간지를 보게 되었는데 그곳에 제14회 공무원연금 수필 공모 광고를 우연히 보게 되었다. 일 년 만의 휴가로 시간이 거의 없었다. 그러나 하루 오전 시간을 내어 공무원연금 공단 제주지점 사무실에서 컴퓨터를 이용해서 수필 공모 글쓰기를 했다. 무작정 쓰다 보니 너무 길어지고 또 횡성수설이 되어 거듭 손보느라 시간이 많이 걸렸다. 겨우 완성하여 인터넷으로 접수를 했다. 그런데 오류가 발생해서 다시 수정하여 우편으로 보냈다.

7월에 발표하기로 되어 있었다. 소식이 없어 홈페이지를 방문하여 뒤져 보니, 당선작 발표가 이미 나 있었다. 총 8편이 입상해 있었다. 금상 1편, 은상 3편, 동상 4편이다. 그리고 응모자 전원에게 작은 기념품을 준다는 내용도 실려 있었다. 그곳에 나의 명단이 없으니 동상이라도 기대했던 꿈이 사라져 버렸다.

그런데 얼마 전에 공단에서 이메일이 왔다. 대상인 금상 당선을 축하하고, 당선 소감과 사진을 보내달라는 것이었다. 나는 어찌된 영문인지 알 수 없었다. 분명히 입상자 명단에는 없었는데 말이다. 그리고 집사람으로부터도 연락이 왔다. 입상 소식을 전해 들었다고 한다. 알고 보니 내가 인터넷에서 본 것은 지난해 제13회 입상자 명단이었다.

나중에 알게 되었지만 응모자가 너무 많아 심사를 1개월 연장하여 심사할 수밖에 없었다고 한다. 응모작이 무려 795편이었다고 한다. 그중에서 내가 1등, 대상을 받게 된 것이다. 꿈이 아닌가 하는 생각이 들기도 하였다. 신문에 나의 입상 소식이 나게 되고, 또 KOICA 사무실에서도 기사 검색을 통해 나의 입상 소식이 전해지게 되었다. 배윤정 선생이 먼저 알게 되어 여기저기 알렸나 보다.

8월 연금지에 내 작품이 실리고, 또 PDF 파일도 공단에서 보내주어서 사무실에도 몇 장 인쇄하여 읽어 보도록 전했다. 수필 내용은 정년퇴직 후 자문단으로 파견되어 하는 좌충우돌 활동 내용이다. 나의 소박한 인생 경험을 '내용의 진솔성', '소재의 독창성', '글의 구성과 문체'라는 심사 기준에 맞게 글로 잘 풀어냈다는 것이다. 문학평론가 임헌영님과 《에세이21》 발행인 이정림님은 나의 글을 이렇게 평가했다.

금상 '살라 말래꿈'은 40년의 교직 생활을 접은 필자가 세네갈 교육부에 부임하여 그곳에서 젊은 엘리트들을 양성하는 이야기다. 필자는 열사(熱沙)의 대륙에 '꿈을 심어 희망을 키우는 것'이 새로운 소망이 되었다고 한다. 그의 교단은 이제 한국이 아니라 세네갈이 되었다. 세네갈의 교육 현장에 한 그루의 우람한 바오밥 나무가 되고 싶은 소망이 꼭 이루어질 것으로 믿는다. 필자의 삶은 은퇴 후에 더욱 세계화 되었고 더 보람차게 느껴지는데 그의 사전에는 은퇴라는 말은 삭제되어도 좋을 것 같다고 썼다.

이 글을 쓰는 동안 정종량 자문관에게 전화가 왔다. 서울 사모님이 연락을 해왔는데 내 글을 읽었고 당신은 뭐하는 사람이냐고 했다고 한다. 아마 서로 깊이 사랑하므로 생기는 행복한 질투인 것 같다. 전에 자신도 휴가 중에 공모 내용을 보았는데 사모님이 한번 응모해 보라고 했었다고 한다. 어쨌든 많은 분들이 축하와 관심이 있었다. 축하해준 사무실 직원들에게 또 이곳 친구들에게 식사라도 대접해야겠다. 상금은 별로 많지 않지만, 조금 더 보태서 좋은 일에 쓰기로 했다. 장모님 틀니를 새로 해 넣는 일에 쓰려고 한다.

프로젝트를 제출하며

오늘은 디렉터인 청장과 함께 'KOICA 세네갈 유아 교육 체험학습 센터' 설립 계획을 제출했다. 10시에 도착하기로 송기정 KOICA 사무소장과 미리 약속을 했다. 그래서 사무실에서 9시 40분에 출발하기로 청장과 약속했다.

그런데 확인해 보니 사무실에서는 아직까지 발송 공문도 계획안도 인쇄하지 않고 있었다. 공문 작성과 인쇄할 자료를 나에게 미리 주면 준비하겠다고 했으나 지금까지 주지 않아서 디렉터가 준비한 줄로만 생각했다.

나는 공문 내용을 대강 기안하도록 요구했다. 일이 계속 지체되어 공문을 만들고 자료를 인쇄하는 데 시간이 많이 소요되었다. 결국 11시가 다 되어야 출발하게 되었다. 그사이에 소장님께 기다려 달라고 양해를 구했다. 시간이 많이 지났는데 디렉터는 다시 커피를 시켜서 천천히 마시고 또 구두도 닦는다. 나름 성의 있게 준비를 하는 것인지 모르겠지만 약속이 자꾸 지체되니 속이 탄다. 디렉터의 차를 이용했다. 그는 우리 사무실을 잘 알고 있었다. 전에 와봤나 보다.

사무실에 도착하여 소장님을 만나고 한참 사무실 이야기, KOICA 봉사 활동 이야기, 내가 하는 일과 나의 근무 태도 등을 이야기하고서 프로젝트 프레젠테이션을 했다. 통역으로 Ms. Banel이 나왔다. 그녀는 뉴욕대학 출신으로 영어에 능통하다. 소장님께 영어 통역이 필요하니까 그녀가 참석한 것이다.

프로젝트에 대한 설명이 끝나고 소장님이 요즘 KOICA 내부의 여러 프로젝트에 대한 설명을 했다. 나는 이미 알고 있지만 디렉터도 알아야 하니 설명하는 모양이다. 최근에 세네갈 여성부 장관이 대통령과 한국을 방문하면서 세네갈에 유아 보육 센터(Baby Care Center) 300개를 설립해 달라고 했다는 것이다. 이곳에서는 0세에서 6세까지의 유아와 산모의 건강, 태교, 위생 등을 취급하는 곳인데 우리는 3세에서 5세까지 유치원 교육을 하니, 이것이 중복되어 소장은 병합하여 추진하는 게 어떤지, 또 두 기관이 어떤 차이가 있는지 물었다. 나는 유아 보육 센터(Baby Care Center)는 유아와 산모의 위생, 보건, 환경, 돌봄이 중심이고 유치원은 누구나 알듯이 유아의 교육 중심이라는 것을 설명했다. 분명히 많은 차이가 있지만 나는 병합 추진도 가능하리고 생각했다.

프레젠테이션이 끝나고 4명이서 미치 MOU 체결 현장처럼 기념사진도 촬영했다. 여기까지 오는 데 참으로 많은 시간과 과정이 있었다. 솔직히 내가 혼자 하면 며칠 안 걸릴 것을 이들이 할 때는 직원들이 협의 작성하는 데에만 석 달이 걸렸다. 그 사이에 대여섯 차례의 소그룹 모임, 두세 차례의 나의 프레젠테이션, 또 사전에 KOICA 소장님과 부소장님께 개별 설명의 기회를 가졌었다. 그러나 아직도 보완이 필요해 보인다.

오는 길에 나는 디렉터에게 이의 추진 채택을 위해서는 차관과 장관

가능하면 대통령의 지원이 필요하다고 말씀드렸다. 한국 KOICA 이사장님께 최고위층의 전화 등 노력이 있어야 이 프로젝트의 추진이 가능함을 역설했다. 그런데 청장은 이를 잘 이해하여 노력할는지 의문이다.

처음 먹는 삼겹살

어제는 이곳에 와서 처음으로 삼겹살을 먹었다. 원래는 알리앙스 프랑스에서 정종량 선생의 초대로 돼지갈비나 스테이크를 먹을 예정이었다. 시간이 있어 조금 일찍 장소에 가보니 식당 문이 닫혀 있었다. 안에서는 어떤 행사가 있었다. 그래서 검문을 받고 들어가 보니 결혼식이 있어서 식당을 사용하고 있었다. 정 선생과 배 선생에게 전화하여 서울식당으로 자리를 옮겼다.

식당에 먼저 가서 서울식당 사장이며 한국교민회장인 사장님과 이야기를 나누었다. 항상 이곳에 오면 첫눈에 띄는 특이한 나무가 한 그루 있다. 2층 베란다로 올라가는 계단에 연륜이 오랜 나무 한 그루가 콘크리트 틈새에 푸르게 자라고 있는 게 신기했다. 사장님 설명은 17년 전, 이 식당을 처음 열었을 때 아주 작은 씨앗 하나가 움터서 그냥 놔두었더니 계단 틈새에서 이렇게 자라고 있다고 한다. 생명력이 대단하다. 바닷가 기암절벽 위에 바위 틈새에 바다를 바라보면서 자라난 해송 분재와 같은 기품과 아름다움이 서려 있다.

사장님은 다른 정원의 나무들도 설명해 주었다. 개업 시기에 원래 살던 곳에 잘생긴 나무가 있어 몇 년 후에 사다가 심었는데 벌써 28년이 되었다고 한다. 한국에서 흔히 집 안에 화분으로 키우는 제라늄이다.

잠시 후에 부소장님도 오셔서 넷이서 삼겹살을 맛보게 되었다. 돌아보니 여기저기 앉아 있는 많은 중국인들이 모두 삼겹살을 먹고 있어서 그 냄새를 피할 수가 없었다. 아주 얇게 썬 삼겹살이지만 마늘, 된장, 상추에 싸서 먹으니 그 맛이 일품이었다.

부소장은 오늘 따라 하얀 줄무늬의 검은색 원피스를 차려 입은 모습이 너무도 예쁘고 깜찍해 보인다. 예쁘다고 말했더니 수줍게 고맙다고 한다. 부소장은 20대 후반으로 프랑스어를 전공해 외국어가 유창하고 차분하며 일에 열정적이어서 퇴근 시간 항상 밤이 늦은 시간이다. 결국 부소장님이 오늘 한턱을 냈다. 배 선생은 9월 1일 날짜로 업무 인계인수를 한다고 한다. 임기는 10월에 종료되지만 후임자인 한혜정 선생이 이달 20일경에 도착하면 업무를 인계하게 되나 보다.

옛날에는 가장 인기 없던 부위인 삼겹살이 어쩌다 전 국민이 선호하는 부위로 변했는지 모르겠다. 우리 고향에서도 삼겹살은 숭이라고 해서 가장 안 팔리는 돼지고기였다. 그리고 이상한 것은 이곳을 찾는 중국인들이 대부분 삼겹살을 먹고 있다는 것이다. 손님들도 교민 보다는 중국인이 훨씬 많다고 한다. 사장님의 설명에 의하면 이곳에 중국 기업들이 워낙 많은데, 그 회사들과 계약을 맺어 쿠폰을 발행해 이곳을 찾도록 하고 있다고 한다. 또 이상하게 중국인들이 모두 삼겹살을 좋아한다고 한다.

정 자문관, 이 시니어 봉사단원과 함께

이웃 친구 타미

아끼꼬 타미가 조금 전에 우리 집에 올라와서 함께 주스와 대추야자를 먹으면서 대화를 나누었다. 아파트 수도에 관한 얘기가 이어졌다.

오늘 아침 옥상에 올라가 보니 어떤 여자가 빨래를 해서 널고 있었다. 우리 아파트 쪽에 물탱크가 네 개있다. 그런데 두 개의 탱크 뚜껑이 열려 있고 대형 플라스틱 통도 옆에 놓여 있었다. 그 옆에는 비누 거품이 가득 찬 세탁물통이 또 있었다. 나는 그녀에서 이 탱크들은 층별로 되어 있는데, 어느 탱크의 물을 길어 내어서 세탁을 하고 있는지 물어 보았다. 가장 끝에 있는 것을 썼다고 한다. 그런데 아끼꼬의 탱크도 열려 있는 것으로 보아 아마 함께 쓴 것 같다.

아끼꼬를 옥상으로 데리고 가서 물탱크도 설명해 주고, 그녀의 탱크가 어느 것인지도 설명해 주었다. 요즘 물이 자꾸 떨어져서 나는 내 탱크를 테이프로 봉하고 그녀의 탱크도 봉해 주었다. 그러나 그 후에도 테이프는 계속 벗겨지고 물은 없어지고, 사용 후에 뚜껑도 닫지 않으니, 요즘 비도 오고 바람도 많이 부니 비와 오물들이 탱크 속으로 들어갔을 것이다. 물이 생명인 이곳에서 다른 사람의 물은 손대지 말아야 하지만, 그냥 아무 물이나 쓴다. 남의 물을 쓰더라도 그 후 관리를 잘해주면 좋으련만 쓰고 그냥 내버리니 문제가 된다. 비누 거품투성이 바가지로 물을 퍼내고 또 설거지조차 이곳에 가져와서 하니 위생상 안 좋은 점이 많다. 알고 보니 그녀는 4층에 와서 일하는 가사도우미 본느다. 그 집 식구들이 너무 많아 소음, 넘치는 쓰레기, 문 열고 생활하는 모습 등 불편한 일들이 너무 많지만 그냥 이해하고 생활하고 있는데, 남의 물을 사용하는 것은 그중 가장 언짢은 일이다.

아끼꼬는 일 년 동안 우리 기관에 파견되어 근무하고 있는 JICA 시니어 봉사단원이다. 기관에서는 봉사단원을 초청해 놓고는 뚜렷한 업무도 부여하지 않고, 거의 방치하다시피 해서 일 년 동안 어려운 시간을 보내고 있다.

처음엔 나와 함께 유치원도 방문하고 했으나, 아무 지시도 지침도 주지 않아서 결국 스스로 서너 개의 유치원을 찾아서 근무하고 있고, 이제 9월에 떠난다. 특히 세미나 등을 열고 싶어 했으나 기관에서 계속 이에 소요되는 경비를 모두 부담하라고 해서 진행도 안 되고, JICA에서도 곤혹스러워 하고 있다.

이곳에서는 출장을 가게 되면 주최 기관에서 출장비를 지급해야 한다. 예를 들어 30명의 유치원장을 초청하여 교육 연수를 하게 되면, 그들의 출장비, 식비, 교재비 등을 부담해야 한다. 우리로서는 이해할 수 없는 일이다. 한국에서라면 각 기관이 출장비를 부담하고 오히려 배우러 오는 경우에 연수비를 내면서까지 가는데 적반하장도 유분수다.

오십대 후반인 그녀는 워낙 말라서 제 나이보다 더 들어 보이고 할머니를 연상하게 한다. 특히 오자마자 열심히 현장을 방문 지원 활동을 했다. 그러나 버스에서 스마트 폰을 소매치기 당했다. 몇 개월 후에 경찰에서 찾기는 했지만 유심칩은 사라지고, 껍데기만 있는 스마트 폰을 돌려받았다.

그녀는 후쿠오카에서 왔고, 집에는 세 아들과 남편이 살고 있다. 아버지가 세 아들을 키우고 있는 것이다. 그녀는 제주도에 2번 다녀왔다고 한다. 제주도의 한라산, 김녕사굴, 삼겹살 등을 얘기했다.

그녀는 세네갈에 정이 붙지 않아, 다시 다른 나라를 지원해서 활동해 보고 싶다고 한다. 어려움 속에 열심히 하고 있는 그녀의 일들이 잘 마무리되고 또 좋은 인상을 갖고 이곳을 떠났으면 좋겠다.

요즘 몸이 좀 안 좋다. 피부에 반점이 가끔씩 나타난다. 약간 붉은 빛을 띠기도 하고 도드라지기도 한다. 음식을 잘못 먹었을 때 생기는 반응 같기도 하다. 혹은 망고 알레르기일 수도 있다. 망고는 씨나 껍질, 꼭지 등을 먹게 되면 알레르기 반응을 일으키고 옻처럼 붓고 두드러기가 생기곤 한다. 얼마 전까지 요즘 너무 싸서 망고를 많이 먹었다. 망고 알레르기인지 아니면 여기저기 기어 다니며 수시로 공격하는 벌레들 때문인지 모르겠다. 지금은 안정되었다. 조심해야겠다.

띠에스의 친구를 찾아

지난 금요일엔 띠에스에 있는 Chelk Fall M'Baye 집에 다녀왔다. 그의 집에서 1박하고 어제 저녁에 돌아왔다. 그는 우리 사무실 나의 코디네이터를 겸하고 있다. 그는 지난 1년간 캐나다에서 연수를 마치고 지난 3월에 귀국하여 전임 코디네이터였던 Ali Dieye를 대신하여 해외 봉사단원 코디네이터를 맡고 있다. 해외봉사단원은 유나 선생, 아끼꼬 그리고 나다.

그는 외국 생활을 많이 해서인지 뛰어난 국제 감각을 지니고 있고, 성품이 온화하고 아주 친절하다. 붙임성도 아주 좋다. 그는 커피를 좋아해서 매일 한두 번 마시는데 항상 나에게 끓는 물을 달라고 한다. "Hot water, please!"라고 말하면서 웃는 모습이 잔영으로 남아있다. 나는 기꺼이 물을 끓여다 주고 대화도 즐긴다.

큰 키에 마른 체형의 전형적인 무슬림의 모습을 지니고 있으며, 전통의상(아낭구오 : 윌러프)을 즐기며 항상 검은색 또는 흰색 모자를 쓴다. 그러고 보니 그의 집에서 모자 벗은 모습을 처음 보았는데, 모자를 썼을 때의 모습이 훨씬 권위 있고 고상해 보였다. 모자 하나가 많은 역할을 한다는 것을 느끼게 되었다. 그는 최근에 우리 부서에서 정종량 자문관이 근무하고 있는 Good Governace 부서로 자리를 옮겼다.

그가 코디네이터로 있을 때 여러 차례 집으로 초대를 했지만 여건이 여의치 않다가 이번에 방문하게 되었다. Boulangerie Jaun 빵집 앞에서 4시 반에 만났다. 그의 차로 출발했다. Volkswagen이다. 전에도 한두 번 신세진 적이 있었다. 그의 깔끔한 성격처럼 세차도 되어 있고 차 안도 잘 정리되어 있었다.

나는 선물로 그림 액자와 비스킷 4개를 준비했다. 지금까지 현지인 집에서 자본 적이 없어서 무엇을 준비해야 될는지 모르겠다. 모기도 워낙 많으니 내가 별도로 준비해야 해서 며칠 전부터 준비를 했으나 잘 모르겠다. 우선 1인용 모기장과 모기 퇴치 약품과 한국에서 가져온 전자 모기향을 가져갔다. 차도 있고 해서 모두 준비했다.

중간에 장관 비서로 근무하고 있다는 바지(Badgie)가 동승했다. 그도 띠에스가 집이라고 한다. 띠에스는 다카르에서 두 시간 정도의 거리에 있다. 세네갈 제2의 도시일 것이다. 나는 나중에 'Badgie'는 한국어로 바지(Pants)를 뜻한다고 하니 함께 한바탕 웃었다. Chelk Fall에게 부인 이름이 무엇인자 물었디니 'Oumul'이라고 한다. 나는 다시 설명한다. 우물은 한국어로는 'well'을 뜻하고 즉 'clean water'를 뜻한다고 하니 그도 기뻐한다. 또 내가 컴퓨터로 인연을 맺고 있는 TEWA 사장은 '제주'고 그의 직원은 '따귀'다. 이곳 이름들은 흥미롭고 재미있기도 하다.

띠에스까지는 2시간 이상 걸렸다. 그의 집은 철로 바로 옆에 있었다. 작은 문을 들어서자 가운데 공터가 있고, 모자이크형으로 여러 채의 작은 집들이 이어 붙어 지어져 있었다. 집들이 모여 사각형 모양을 이루고 가운데가 빈 형태다.

모두가 가족 또는 친족들이 함께 모여 산다고 한다. 우선 두 명의 어머니, 그의 형, 고모와 그 자녀들, 손녀들에게 일일이 집을 방문하여 인사를 하고 조금씩 머물며 소개도 하고 대화도 나누었다. 거의 30명이 되는 가족 친족들을 Chelk Fall은 일일이 소개해 주었다. 참으로 다복하고 행복해 보였다.

물론 너무 많은 가족들이 한 울타리 안에서 살다보면 언짢은 일도 어려운 일도 많겠지만 기쁨과 행복한 일들도 많으리라 생각되었다. Chelk Fall은 장손으로 가장의 역할을 잘하고 있는 것처럼 보였다. 그는 초등학교 교사인 부인과 20세의 아들, 12세의 아들, 그리고 5살의 딸이 있다. 딸은 Wacyne으로 얼마 전 유치원을 졸업하고 초등학교에 가야하는데 나이가 어려 대기 중이라고 한다. 엄마 아빠와는 달리 키가 작고 바싹 말랐다. 그래서 내가 초등학교에 갈려면 많이 먹고 키도 커야 한다고 몇 차례 말하면서 “Manger Beaucoup et beaucoup, haut grand grand et peut aller eclole!”라고 몇 차례 얘기했더니, 이제는 내 말을 흉내 내면서 나를 오히려 놀린다. 너무 작아서 1년 놀리다가 학교에 보내겠다고 한다. 나는 농담으로 부모가 너무 많이 먹고 딸에게는 맛있는 것을 주지 않아서 그런다고 말했다.

저녁은 마패가 준비되어 있었다. 마패는 쌀밥에 고기 소스를 비벼 먹는 것인데 주로 걸쭉한 양고기 스프가 나온다. 진한 양고기 맛이 입에 잘 맞는다. 또 바나나, 사과, 망고가 후식으로 나왔다. 방충망이 없고 조금 조밀한 창문에 커튼을 친 것이 모기 예방이다. 그래서 욕실에 모기들이 왔다 갔다 한다.

좀 쉬다가 가져간 모기장을 치고 잠자리에 들었다. 그러나 주변을 둘러보니 화장대랑 내가 그의 부인 침실을 차지하고 있음을 알게 되었다. 잠자리를 바꾸어서 그런지 잠이 오지 않는다. 뒤척이면서 밤을 지내고 아침 일찍 일어나 세면을 하고 철길 주변을 꼬마 야신과 함께 산책을 나섰다. 한 시간을 돌아다녔다. 역시 이곳에도 많은 탈리베(거리의 아이들)들이 있었다. 그중에 서로 형제처럼 보이는 두 아이가 유독 눈에 띈다. 몇 개의 이가 없었으나 얼굴도 잘생기고 특히 웃는 얼굴이 예뻤다.

10시경에 이곳에 사는 또 다른 직원 친구인 Mamadou Kebe를 만나러 갔다. 몇 번 전화를 했으나 받지 않는다. Chelf Fall에 의하면 아마 주말이어서 늦잠을 자고 있을 것이라고 한다. 일단 출발하여 Grand Marche 부근에 산다는 말을 Chelf Fall이 들었다고 해서 그쪽으로 출발했다. 마침 그로부터 전화를 받아서 그의 집으로 찾아 갈 수 있었다.

그는 몇 번이나 나에게 띠에스에 오라고 했고, 오면 전통복을 한 벌 맞춰주겠다고 해서 간 김에 그의 요청을 들어주기로 한 것이다. 직접 가야만 치수를 재서 옷을 지을 것이라고 했다.

그는 잘 지어진 좋은 집에 살고 있었다. 부인도 아름답고 명랑하다. 부인과 함께 재래시장을 한참 지나서 맞춤 옷집으로 갔다. 이미 천은 집에 준비해 두고 있었다. 옷을 맞춘 후에 Kebe는 왜 자기 집에서는 자지 않느냐고 성화다. 1박 2일 일정이어서 다음을 기대할 수밖에 없다고 설명했다.

전통 예술 시장을 들렸다. 전통 악기 잼베와 그림, 목각 등이 전시 판매되고 있었다. 그러나 규모가 작고 다양하지 못했다. 나는 Kebe 가족에게 그림 액자를 선물했다. 이곳에서는 좋은 집들은 많은데, 그림이 걸려 있는 집은 거의 못 봤다. 내가 선물한 그림은 사과, 포도, 배등이 들어간 유화인 예쁜 정물화이다. 이 집에 걸면 아주 어울릴 것 같다.

Chelk Fall에게도 유화를 선물했는데 아름다운 꽃들이 들어간 그림이다. 그는 받자마자 망치를 들고 와서 바로 거실 중앙에 걸었다. 아주 잘 어울리고 거실의 품위도 찾은 듯한 느낌이 들었다. Chelk Fall도 전통 옷을 나에게 선물한다. 친절한 접대와 수고에 어찌할 바를 모르겠다. 꼭 필요한 모기장이지만 예쁜 딸 야신에게 선물로 주고 오니, 조금 부담이 줄었다. 내가 어제 딱 한 번 써본 모기장이다.

다시 Chelk Fall의 집으로 가서 점심을 먹었다. 점심으로는 생선을 주재료로 한 제부잼을 먹었다. 올 때는 역시 셋플러스를 타고 왔다. 앞 유리창은 크게 깨져서 두 군데나 테이프가 붙어 있었다. 열린 문은 닫히지 않는다. 계속 먼지와 매연이 들어온다. 지금도 기침이 멈추지 않는다. 오염된 공기에 너무 오래 노출되었기 때문이다. 집에 돌아오니 기쁘고 행복하다. 몸을 살펴보니, 그렇게 신경을 썼는데도 여러 군데 모기의 공격을 받았다. 좋은 친구들이다. 아마도 계속 친하게 지내게 될 것 같다.

섹팔 응바에 집에서
부인, 가족들과

현지평가회의

지난 17, 18일 KOICA 현지평가회에 다녀왔다. Sally의 Decameron Hotel에서 개최되었다. 작년에는 Sally의 Baobab Hotel에서 열렸는데 올해는 좀 더 시설이 좋은 곳으로 택했다고 한다. 참여 인원은 17명이다. 안전교육과 성교육을 겸했다. 17일에는 분임별 토의 발표, 건의 사항 등을 협의하고 맛있는 뷔페 식사를 했다.

호텔은 모두 방갈로 형태로 되어 있고 나는 1인실을 배정받았다. 에어컨, TV 등이 구비되어 있었고, 또 8만 세파의 출장비도 받았다.

단원들의 활동 내용 발표 중에는, 임아란 단원이 현장 지원 사업 내용이 포함되어 있다. 그녀의 설명에 의하면 현장 사업으로 막상 모든 시설을 구비하고 학생과 교직원에 대한 교육을 시작했다고 한다. 우선 직원 교육부터 시작했는데 처음 신청을 받고 수업을 시작했는데, 신청자들이 이런저런 핑계를 대면서 늦거나 결석을 하고 결국은 숫자가 점점 줄어들어 폐강하고 말았다고 한다.

올해는 컴퓨터실을 완전히 구비하여 신학기에 맞추어 수업 준비를 했다. 그런데 이번에는 교사들이 거의 3개월 동안 파업을 하여 학생들이 학교에 등교하지 못하게 되니 또 전산 수업을 하지 못하게 되었다. 교장과 직원들은 새로 구입한 컴퓨터 물품들을 가져가 버리기도 하고 분실되는 일들도 많다고 한다. 어쨌든 많은 예산이 투여된 현장 사업이 잘 활용되었으면 하는 것이 그녀의 소망이라고 한다.

김누리 단원은 산다가에서 스마트 폰을 분실했던 이야기를 한다. 산다가는 다카르의 가장 번화한 거리이며, 또 한국의 남대문 시장 같은 곳으로 인산인해를 이루는 상가들이 빼곡히 들어선 재래시장과 번화가가 함께 들어서 있는 가장 생동적인 곳이다. 그는 그곳을 친구와 함께 걷다가 현지인 청년 두 명이 가까이서 스치고 지나갔는데, 나중에 식당에서 살펴보니 스마트 폰을 소매치기 당했다는 것을 알게 되었다.

두 번째 날은 단체 활동을 했다. 단체 줄넘기, 단어 맞추기, 이어 달리기 등을 했고 우리 팀은 종합 점수에서 졌다. 부상으로 휴지 4개를 받았다.

행사가 거의 끝날 무렵 새로 온 단원들이 갑자기 소장님께 달려들어 소장님을 들어서 수영장에 던져 버렸다. 나중에 알고 보니 미리 계획을 했었고 주머니에 있는 핸드폰 등 소지품은 꺼내고 던졌다고 한다. 이어서 바로 옆에 있는 정종량 선생 또 하유선 관리요원 등을 소위 포획하여 던지는 모습을 보고, 나는 빨리 도망쳐 바로 옆에 있는 내 숙소로 피신하여 위기를 면했다. 나는 나중에 나도 "빠졌다"고 말하면서 농담을 건넸다. 내 말은 물에 빠진 것이 아니라 대열에서 빠졌다는 것이라고 설명했다. 어쨌든 예상 외의 큰 장난이었다. 귀엽기도 하지만 조심해야 할 점도 있을 것이다. 단순 헹가래라면 문제없겠지만, 물에 빠지는 사람들은 신체적으로 다양한 상황에 처해 있을 수도 있기 때문이다. 특히 여자 관리 선생들을 평상복을 입은 채로 납치해 물에 던지는 행위는 여러 문제를 일으킬 수도 있다. 정 선생도 자신은 수영을 전혀 못하는데 물에 빠져 어려움이 있었다고 한다.

현지평가회의를 마치고 해변에서 봉사단원들과

우리의 한계

5부

5

양들의 애처로운 절규

어제는 타바스키였다. Directeur와 마마두 디우프가 집으로 초대했다. 오전 10시에 청장은 나와 아끼꼬를 픽업해 주기로 했다. 청장은 최근에 신시가지로 이사하여 집도, 위치도 모르기 때문이다. 10시 10분전부터 나와서 기다렸다.

집 밖 여기저기선 양들의 애처로운 절규와 외침이 자욱이 퍼져 나가고 있었고 길가와 모퉁이에는 집집마다 양들을 제물로 바친 흔적이 남아 있다. 흥건히 고인 피와 또 죽어 쓰러져서 해체 작업을 기다리는 양들이 여기저기 보인다. 가죽을 벗기고 해체하는 작업들이 도처에서 행해지고 있다.

또 이 직업을 위해 일꾼으로 써달라고 갈을 몇 자루씩 든 젊은이들이 거리를 배회하며 호객하고 있다. 이 성스러운 순교 작업을 대행하는 젊은이들이다. 옆 5층 아파트 베란다에서도 작업이 진행 중이다. 아파트도 그 집 안에서 또는 밖에서 이런 일을 행한다. 그들은 수당으로 돈이나 고기를 받는다.

아이들과 가난한 여인들은 작은 그릇과 양동이를 머리에 이고 이리저리 다니고 있다. 또 앞집 여자들은 집 앞 길가에서 순교한 양의 피에 여러 차례 모래를 가져와 덮고 있다. 아끼꼬는 위쪽에 있는 전신주에 양을 매달고 가죽을 벗기고 해체하는 곳으로 가서 계속 지켜보고 얘기도 나누고 있다. 나는 도저히 가까이는 못 가겠다. 의외로 일본 여자가 비위가 강해 보인다.

1시간 반이 지난 11시 30분이 되어야 Directeur가 나타났다. 그는 여전히 시간을 지키지 않는다. 차에 이미 일본 젊은이 두 명이 타 있었다. 나중에 알아보니 2009년 까오락에서 근무했던 일본인 봉사단원과 전에 세네갈에서 근무했던 통신 분야 봉사단원이 통신 사업 관련 조사차 함께 이곳에 오게 되었는데, 서로 연락이 돼서 그의 집 방문을 하게 되었다고 한다.

청장은 최근에 새 집을 지어 이사 온 것이다. 새 집은 락로즈(빨간 호수)를 지나 깨루마샬에서 다시 한참을 들어가야 하는 신도시다. 비포장도로에 구획 정리만 되어 있다.

대부분의 집들은 일부만 완성하여 사람들이 입주하여 살고 있다. 그의 집도 2층 집인데 우선 1층만 완성하여 입주했다. 전등 시설도 제대로 되어 있지 않고 화장실 문은 어긋나서 잘 닫히지도 않는다. 또 물도 나오지 않고 있었다. 명절인데 걱정이 많이 된다. 새 집 입주는 크게 축하해야 할 일이다. 다카르에서 거의 한 시간 반 정도 걸렸다.

홍콩 상점에서 구입한 유화를 입주 선물로 주었다. 아주 잘 어울릴 것 같다. 지난번 그의 생일에는 포도와 과일 그림을 선물했는데 이번에는 화려한 국화꽃 유화다. 방은 여럿이니 새 집에 화려하고 아름다운 많은 액자가 필요할 것이다.

디렉터는 완성되지 않은 2층도 구경시켜 주고, 앞으로 지을 미완의 방들에 대한 설명도 해 주었다. 모두 완성되면 넓고 멋진 주택이 될 것 같다. 간단한 점심을 먹었다. 바게트와 염소 간과 고기를 양파에 저며 볶은 것이다. 그리고 복숭아와 망고 주스가 나왔다.

점심 후에 디렉터와 함께 이웃 방문을 시작했다. 새로 지은 집들이 많아 아마 서로들 최근에 이웃이 된 집들도 많아 보였다. 그중 한 집은 부인이 다카르에 있는 유치원 원장이었다. 중간에 디렉터는 모스크에 기도하러 가고 우리는 그곳 식구들과 함께 음식을 나누며 얘기도 나눴다. 접대 음식으로 양 꼬치가 나왔다. 우리나라 꼬치처럼 양고기 꼬치 사이에 과일과 나물이 끼어 있어 아주 맛있었다.

나는 5시에 Mamadou Diouf와 약속이 있어서 미리 얘기하고 집을 나섰다. 그런데 아끼꼬도 집에 가겠다고 해서 함께 출발했다. 우선 집 앞에서 버스를 타고 까루마샬로 갔다. 버스비는 200세파였다. 그곳에서 4천세파를 주고 택시로 집에 도착했다. 버스는 이름도 없고 서너 번은 폐차했어야 했을, 소위 바퀴만 있는 차 같았다. 운전석 계기판은 들썩들썩 거려서 가다 몇 번 계기판 전체를 들어 올려 손보면서 갔다.

집에 와서 마마두의 집으로 갔다. 그림 선물을 준비했다. 버스를 타고 갔는데 오늘은 휴일이어서 그런지 거의 한 시간을 기다려야 버스가 왔다. 이곳에서의 생활은 항상 기다림에 익숙해지는 것이라는 생각이 자주 든다.

산다가 기공 약국(Guigojn Pharmacy)에서 내렸다. 그곳에서 걸어서 그의 집을 찾아 갔다. 몇 차례 와서 이제는 익숙하다. 집 안에는 사람들이 가득하다. 부인, 셋째 아들, 처제 등을 소개받았다. 부부 침실에 음식을 차려 놓고 먹으라고 한다. 아마 나머지 식구들은 이미 식사를 했나 보다. 채소를 곁들인 양고기 한 접시와 물과 주스가 있었다. 선풍기도 돌아가고 있었다. 집 안이 복잡하고 시끄러울 것 같아 주는 대로 간단히 혼자 식사하고 나왔다. 택시로 오다가 마침 성당 옆을 지나게 되니 차를 세우고 성당으로 가서 저녁 미사를 보고 왔다. 저녁 때 대축제이지만 결국 혼자여서 영화를 보고 잠들었다. 참으로 복잡하고 다사다난한 하루였다.

수돗물 끊긴 3주

3주 동안 수돗물이 끊겼다. 집주인은 프랑스 파리에 살고 있다. 이곳에선 물과 전기가 끊기면 생존을 위협받게 된다. 수돗물이 공급되지 않은 지 3주째다. 물 때문에 파리에 있는 주인에게 전화를 했다. 전동 펌프를 설치해 달라고 했으나. 아직 감감 무소식이다.

주인이 여기에 없어서 그 일을 대행하는 사람이 부동산 중개업자인 Wele다. 나는 그에게 식수 문제를 해결할 방안을 제시했다. 그런데 그는 다카르의 모든 지역에 물 사정이 그러하니, 자기는 어쩔 도리가 없고 기다리자는 것이었다. 사실 일이 층에는 물이 자연 수압으로 잘 나오니 문제가 없다. 3층도 가끔씩 나오니 견딜 만한 모양이다. 그러나 사오 층은 전혀 물이 안 나오니 문제다.

Wele는 옆집 '부빈'이라는 청년 가르댕(집 지킴이)에게 나에게 물을 매일 배달해 달라고 부탁한 모양이다. 그는 하루 이틀은 물을 배달했으나, 힘든지 그 후로는 배달하지 않는다. 나는 그 청년을 내 탱크에 데리고 가서, 물을 채워 달라고 부탁했다. 그리고 물탱크 청소를 부탁하며 2천 세파를 미리 주었다. 며칠이 지나도 그는 피곤하다, 바쁘다 하며 청소도 하지 않고 물도 배달하지 않는다. 할 수 없이 내가 청소를 했다. 탱크 안은 완전히 흙탕물에 모래가 가득 차 있었다. 물을 모두 퍼내고 또 물을 두 번이나 부어서 깨끗이 청소했다.

내가 청소를 다 했다고 하자, 그는 돈을 돌려주었다. 청소하는 데 30분도 걸리지 않았다. 이곳에서 하루 종일 허드레 일을 해도 천 세파밖에 안 주는데, 너무 게으른 젊은이 같다. 그런 일이 있어서인지 그는 물 배달도 끊었다.

그 사이 Wele에게 10차례 전화해서 물을 좀 배달해 달라고 애원도 하고, 만나기도 하고, 문자도 보냈지만, 대답만 하고 배달하지는 않는다. 그들을 어떻게 관리해야 될는지 모르겠다.

어떤 때는 저녁 9시 이후에 조금씩 물이 나오는 경우도 있다. 그래서 그 물을 한 시간 모으면 한 양동이가 되고 그것으로 절약해서 쓰고 있다. 언제까지 이렇게 살아야 될지 모르겠다.

결국 Wele는 또 다른 청년 가르댕 '돼주'에게 부탁하여 물 배달을 시켜주었다. 5층까지 물을 들고 오는 것은 쉬운 일이 아니다. 그런데 이곳 청년들은 어깨 힘이 아주 좋다. 가르댕 '돼주'는 착실해 보이고 성실하게 물 배달을 해주었다.

Wele는 9월 말까지 전동 펌프를 설치하겠다고 했다. 그래서 다시 참고 견디기로 했다. 그러나 월말이 다 지나도 묵묵 아무 소식이 없다. 그의 설명은 집세를 못 받아서 설치를 못 한다고 한다. 집세를 모두 받으면 10월 1, 2일에 완성하겠다고 한다. 그래서 나도 미리 집세를 가져다주었다. 그런데 옆집 배슬기 선생은 펌프를 설치하지 않으면 집세를 안 내겠다고 버티고 있다.

결국 10월 5일경에 펌프가 설치되고 물이 나오기 시작했다. 거의 한 달간의 물 없이 지내는 어려움도 끝나고 물과의 전쟁도 끝났다. 이곳에서 가장 중요한 것은 물과 전기다. 물은 자주 단수가 되지만 오래 끊이지는 않는다. 전기는 거의 매일 정전된다. 어떤 때는 대여섯 시간씩 정전되지만 역시 다시 전기가 공급된다. 이런 일이 비일비재하니 인내하며 절약하고 대비하여 사는 수밖에 없다. 그러나 인위적으로 가능한 일은 이해하며 역지사지 했으면 좋겠다.

셋플러스와 모기

11월 4일부터 6일까지 까프린(Kaffrine)에 출장을 다녀왔다. 우선 까프린이라는 이름이 너무 예쁘다. 꼭 꽃 이름 같기도 하고 예쁜 공주가 떠오르기도 한다. 아침 일찍 챙기고 7시 30분에 우선 Pekine Garage로 갔다. 다카르 종합 터미널이라고 할 수 있다. 그런데 아무리 찾아 봐도 탑승구에 까프린이 없었다. 아마 그곳까지 가는 손님들이 많지 않아서 없나 보다.

여기저기 알아보니 땀바쿤다 승차장 뒤쪽에 까프린 가는 셋플러스가 있었다. 아무런 안내판도 없이 그냥 물어물어 찾아가는 차량이었다. 내가 첫 손님이었다. 문제는 이곳에 있는 차량은 시간에 관계없이 손님이 가득차야 출발한다는 것이다. 즉 7명이 다 모여야 출발한다.

한 시간 반을 기다리니 손님이 가득차서 10시 30분에 출발했다. 두 명의 여자가 각각 아이를 안고 있어 결국 운전자까지 이 좁은 차에 손님이 열 명이 되었다. 까프린까지 6시간 정도의 거리다. 거의 쉬지 않고 중간에 화장실도 못 가고 까프린에 도착했다.

오늘 날씨가 어찌나 더운지 숨이 턱턱 막혔다. 소위 태양이 작열하는 날이었다. 이리저리 자리를 고쳐 앉아 보았지만 여기저기 너무나 불편했다. 까프린에서 Hotel de Kaffrine까지는 천 세파 정도한다고 해서 택시를 찾아보았으나 찾을 수 없다. 그런데 사람들이 몰려와서는 오토바이로 갈 것인지 아니면 택시로 갈 것인지 물었다. 택시를 원한다고 하자 택시 있는 곳으로 안내해 준다. 그런데 택시가 안 보였다. 알고 보니, 아무 택시 표시가 없는, 그냥 옆에 서있는 폐차가 택시라고 했다. 정말 움직이는 차일까 걱정이 되었다. 그런데 다른 차도 없으니 그냥 타 보기로 했다. 막상 타니 문도 안 닫히고, 모든 배선들이 드러나 있다. 실제 움직일지 걱정이 되는 차였다. 그래도 느릿느릿 출발했다. 그런 속도로 호텔에 도착했다.

호텔은 방갈로형으로 되어 있었다. 유일한 편의 시설은 에어컨이 전부였다. TV도 없고 변기는 깨져 있었다. 모기장은 하늘에 매달려 있었다.

다음 날 얼마 전까지 우리 사무소 직원이었던 Mamadou Soujnbounou가 호텔로 왔다. 교육장을 만나서 온 목적을 이야기 하고 '한국의 음식' 불어판을 선물로 주었다. 순부누는 다섯 평쯤 되는 좁은 사무실에서 다섯 명과 함께 근무하고 있었다. 그중에 한 젊은 장학사가 유별히 반갑게 맞이한다. 알고 보니 그는 작년에 한국 연수단으로 선정되어 한국에서 한 달 동안 지냈다고 한다. 그래서 한국말로 "안녕하세요."하고 인사한다.

다른 장학사와 함께 셋이서 유치원 방문을 했다. 처음 간 곳은 가톨릭 재단에서 운영하는 유치원과 초등학교가 병합 운영하는 학교였다. 원장은 나이 많은 백인 수녀였는데, 이태리 출신이었다. 유치원은 3, 4, 5세 학급이 편성되어 있었고, 시설은 고루 잘 갖추어져 있었다. 수업 자료와 교구는 모두 프랑스에서 수입해서 쓰고 있었다. 그리고 일일이 보여주면서 자랑한다. 들어서는 교실마다 선생님과 아이들이 젬벨(북)을 치며 소리 높여 인사한다.

같은 구역에 있는 초등학교도 살펴보았다. 사오십 명은 되어 보인다. 모두가 일제식 수업에 수업 자료는 칠판과 교과서가 전부이다. 교실 내에 비치된 자료도 교구도 없다. 그러나 아이들은 바른 자세로 설명에 열중한다. 우리를 보자 큰 소리로 인사한다. 아이들을 밝고 예의바르다.

이어서 공립 유치원을 방문했다. 세네갈 전통 움막을 모델로 큰 한 칸 집이었다. 즉 3, 4, 5세 어린이들을 한 공간에서 교육하고 있었다. 일종의 합동 수업이 이루어지고 있는 곳이어서 어려움이 많아 보였다. 간이 칸막이라도 있어야 할 것 같았다. 역시 열악한 환경에서 교재도 교구도 없다. 아이들은 그냥 선생님의 지시를 따라서 율동도 하고 노래도 하고 있었다. 나는 함께 간 장학사들을 식당으로 초대했다. 식사 후에 교육청으로 함께 가서 방문 활동을 마무리했다.

오후 시간이 있어서 까프린 마을을 둘러보기로 했다. 택시를 임대했다. 1시간에 7천 세파를 주기로 했다. 워낙 작은 마을이어서 특별히 구경할 곳도 없었다. 고등학교는 2개가 있었고, 이어서 경찰서, 지방법원, 시청사, 보건소 등을 둘러보았다. 전통 시장은 꽤 컸고, 역시 사람이 사는 곳이라는 느낌을 갖게 해주었다. 성당도 발견했다. 마음에 위안이 되었다. 아주 작고 허름했다. 잠시 들어가서 화살기도도 드리고 촬영도 했다. 까프린은 말리와 가까워서 국경 가까이 가보기도 했다.

40분 정도 돌아다니니 시내를 다 구경했다. 호텔로 들어서니 이른 오후였다. 호텔이라는 명칭만 붙은 여인숙 수준도 안 되는 방이었다. 에어컨을 켜니 조금 돌다가 꺼진다. 에어컨이 안 되니 숨이 턱턱 막히고 또 창문도 아주 작게 두 개 나와 있는데 열리지 않게 되어 있었다. 밖으로 나가보니 전기 공사를 하고 있었다. 에어컨이 안 된다고 말하고, 조금 기다리니 다시 가동되었다. 호텔 내 식당이 없다. 인근에도 식당이 없다. 일하는 청년에게 물어 보니 주문하면 식당에서 배달한다고 한다. 뿔렛(치킨)을 시켜서 바게트와 함께 대충 먹었다.

시간이 있어 가지고 간《한국의 역사》책을 폈다. 프랑스어와 한국어가 병기된 외교부에서 발간한 책이다. 오랜만에 나만의 시간을 가질 수 있었다. 대여섯 시간 책에 빠졌다. 고조선, 발해, 한사군, 중국의 동북공정, 일제의 잔인한 약탈과 살인, 고려의 위대한 유산인 금속활자와 청자와 팔만대장경 또 세조의 업적도 살펴볼 수 있었다. 왔다 갔다 하는 전기 사정에 더위를 계속 견디면서 책을 다 볼 수 있었다.

그런데 잠자리에 든 후에는 계속 정전이다. 어둠이 갑자기 찾아와 앞을 내다보지 못할 만큼 깜깜하다. 문도 찾을 수 없다. 핸드폰으로 겨우겨우 출입구를 찾아 프런트에 갔으나 아무도 없다. 참 황당한 일이다. 모두 퇴근해 버린 것이다. 또 방에는 전화도 없었다. 그래서 결국 전화 예약할 때 입력해 둔 곳으로 전화를 여러 차례 걸었으나 받지 않는다. 문자로 서너 차례 연락을 했다. 답신은 없다. 그래서 내 생각에 오늘 전기 공사를 할 때 보니 메인 스위치를 올리면 전기가 오는 것을 본 기억이 있어서 문자로 메인 스위치를 올리라고 했다. 어쨌든 잠시 후에 전기가 왔고 에어컨도 가동되었다. 새벽 2시까지 이렇게 씨름했다. 잠은 그럭저럭 건너뛰었다.

나중에 보니 여기저기 모기에 많이 물려 있었다. 혹시 말라리아에 걸리지 않을까 걱정이 된다. 아침 호텔에서 제공되는 아침은 바게트 한 조각과 커피가 전부다. 물값도 지불해야 했다. 어제 저녁의 불편함을 프런트 직원에게 말할까 하다 그냥 체크아웃을 하고 나왔다. 택시를 불러서 터미널까지 갔다.

터미널엔 다카르까지 가는 셋플러스도 있었으나 손님이 한 사람도 없다. 손님이 다 차야 출발하기 때문에 몇 시간 후에 떠나게 될지 알 수가 없다. 오늘 못 갈 수도 있다. 그래서 우선 까오락까지 가는 차를 탔다. 그곳까지는 1시간 반 정도 가면 된다. 그곳에선 다카르까지 가는 차가 많기 때문에 그게 좋다고 장학사가 말해 주었었다. 까오락까지 가는 차는 그야말로 차라고 할 수 없을 만큼 망가진 차량이었다. 계기판도 없고 전선이 여기저기 얼기설기 얽힌, 문도 잘 열리지 않고 모든 차체가 심히 부식되고 너덜거리는 차였다.

다른 사람들이 무심히 타니까 나도 그냥 탈 수밖에 없었다. 너무 걱정이 되었지만 무사히 까오락 정류장에 도착했다. 다시 다카르행 셋플러스를 타기 위해 터미널로 갔다.

다카르까지는 거의 5시간이 걸리니까 자리를 잘 잡아야 한다. 그런데 세 번이나 차를 보냈으나, 도저히 좋은 자리를 잡을 수 없었다. 내가 자리를 잡으려고 하면 현지인들이 재빨리 자리를 잡아버려서 편한 자리를 차지할 수 없다. 어떤 순서가 없고 눈치와 행동이 모든 것을 결정하기 때문이다. 결국 천 세파를 주고 앞자리를 잡아 달라고 부탁해서 출발할 수 있었다.

한 시간쯤 가다가 차가 멈췄다. 보닛을 열고 수리도 보고 냉각수도 보충한다. 근처 집에 가서 물을 길어다 붓는다. 대여섯 차례 가다 멈춰 물을 붓고 또 출발했다. 결국 다 가지 못하고 음브르(Mbour) 터미널에 겨우 가서 다른 차량으로 모두 갈아탔다.

그런데 갈아탄 차는 운전자가 엄청나게 과속한다. 지금까지 지체된 시간을 메우려는 것인지 알 수 없었다. 또 까오락에서 다카르 사이에는 한 시간 반 정도가 비포장도로다. 모래와 먼지와 많은 차량으로 짙은 안개가 낀 것처럼 시야가 거의 안 보일 정도의 길을 서로 교차하며 달린다. 속도는 너무 빠르고 에어컨은 아예 없으니 모든 문을 완전히 개방하여 달린다. 결국 그 심한 모래 먼지 속을 헤치고 들이 마시며 올 수밖에 없었다. 아마 먼지를 한 컵은 마시지 않았나 싶다.

까프린, 너무 아름다운 이름이지만 출장은 너무 힘들었다.

한일 탁구 대회

일본 봉사단(JICA)와 한국 봉사단(KOICA)이 탁구 친선 경기를 했다. 장소는 Stade de Leopold Cadas Senghor 스타디움이다. 경기장 이름이 세네갈 초대 대통령 이름을 땄다. 한글학교 수업을 마치고 황재윤 선생, 인턴들, 그리고 내가 함께 갔다. 교회 차량으로 경기장까지 갈 수 있었다.

지어진 지는 오래되었으나, 관리는 잘 하고 있어 보였다. 경기장 주변은 주차 차량과 장사꾼으로 북새통을 이루고 있었다. 경기는 없는데 그 많은 사람들이 천막을 치고 장사를 하고 있는 것으로 보아 상주 시장으로 사용되고 있어 보인다.

경기장 안으로 들어가는데 신분증을 요구한다. 황당한 일이지만 어쩔 수가 없다. 경기장의 메인 구장은 잔디를 잘 가꾸어져 있었다. 스프링클러가 계속 물을 내뿜고 있다. 나중에 우리가 기념 촬영을 하려는데 여자 경찰이 나타나서 잔디 구장으로 들어가지 말라고 한다. 아주 정성들여 키우고 관리도 경찰이 하기 때문에 잔디가 잘 자라고 있는 것처럼 보였다. 텔레비전에서 국제 축구 경기를 할 때는 이 경기장을 사용하는 것을 보아왔다. 세네갈에는 잔디 구장이 한두 개 정도밖에 없다.

원래 시작 예정 시간이 2시였다. 우리는 애써 출발했으나 길이 막혀 결국 2시 40분에 도착했었다. 그런데 시작할 기미도 보이지 않았다. 다시 30분 정도 기다리자 시작했다.

일본팀과 한국팀이 서로 혼합하여 5개조로 나누어 경기했다. 나는 E조가 되었다. 그래도 내가 탁구를 좀 치는 것으로 평가되어, 네 번이나 출전하도록 대진표가 작성되어 있었다. 전에 자문단과 KOICA 사무원들이 탁구를 유숙소에서 한 적이 있는데, 모두가 거의 초보여서 내가 조금 돋보였나 보다. 다른 조와 처음 상대는 우리 KOICA 인턴인 권대명 선생이다. 그도 거의 초보였다. 나는 같은 한국인이고 또 꼭 이겨야겠다는 생각이 없이 치다 보니 내가 지고 말았다. 오히려 기분이 좋았다. 그래도 다음부터는 우리 조를 위해 정신 차려 쳐야겠다는 생각이 들었다. 나는 경기를 하는 경우에 별로 최선을 다하지 않는다. 그냥 재미를 우선으로 하는 성격 때문에 이기는 경우가 거의 없다. 죽기 살기로 하면 이길 수도 있는 경기를 그럭저럭 하는 경우가 많다. 내가 이기면 상대방이 슬플 것이라는 생각이 항상 들기 때문이다.

다음 상대는 KOICA 권덕용 선생이다. 내가 이겼다. 그 다음은 여자 중에서 가장 뛰어난 실력을 지니고 있는 조민지다. 그녀도 내가 이겼다. 마지막 상대는 일본의 젊은이였다. 아주 쉽게 이겼다. 4번의 경기에서 3번 이긴 것이다. 결국 종합 우승은 C조인 KOICA 송기정 소장 팀이 차지했다. 소장님은 승부욕이 강한 것으로 알려져 있다. 역시 오늘도 아주 맹렬하게 공격하고 결국 승리하는 모습을 보았다. 일본 자이카 가토 소장과 우리 소장과의 경기가 빅 매치였다. 이 경기에서 송 소장이 이겼다. 그전에 치러진 예선에서는 가토 소장이 이겼었다. 결국 1대 1이어서 서로가 행복했다.

경기가 끝난 후에 우리는 모두 일본 사무실로 모였다. 함께 대화도 하고 맛있는 식사도 했다. 일본팀에서는 양 한 마리를 준비했다. 마음껏 먹을 수 있는 양이고, 또 식당에서 미리 조리하여 먹기 좋게 썰어 가져왔다. 우리 쪽에서도 김치와 밥 등을 준비했는데 양이 적어서 금방 동났다.

나는 가토 일본 봉사단 소장과 대화를 많이 나누었다. 그는 우리 모임에서 긴 인사말을 유창한 한국어로 말했다. 이형우 단원이 일본에서 3, 4년 산 경험이 있어서 잘못한 부분은 고쳐주고, 오히려 통역도 해주었다. 참으로 부러운 모습이었다. 그의 부인은 한국인이다. 그는 나에게 설명하기를 장인이 대구 출신이고 장모님은 전주 사람이고 한다. 혼자 이곳에서 생활하는데, 부인은 일본에서 대학 교수로 일하고 있다.

나는 전에 장학사, 장학관으로 일할 때 몇 차례 일본을 교육 관계로 방문한 적이 있는데, 당시 외무성, 문부성 장관이었던 나까소네와 함께 군마현도 가고 일본 교육도 살펴봤던 일들을 얘기했다. 그는 아주 호남형으로 인상도 좋고 성품도 아주 온화해 보였다.

지난 몇 년간 양국 봉사단원이 함께 모여 이 정도의 친선을 가진 것은 이번이 처음이다. 앞으로 1년에 한 번만이라도 이런 기회를 가졌으면 좋겠다. JICA는 Ericson 빌딩 3층에 KOICA는 4층에 있다. 같은 건물을 사용하고 있다. 그런데도 이런 교류가 전혀 없었음은 유감스러운 일이었다.

그래서 이날 일본에서는 한국과 일본 간의 두 건의 친선 축구가 있었다. 그 사이에 소원했던 한일 관계가 풀리면서 한국 국회의원들이 일본을 방문하여 친선 축구를 했는데, 4대 3으로 한국이 이겼다. 그리고

KOICA 간부들이 일본으로 자이카를 방문하여 축구를 했는데 2대 2로 비겼다고 한다. 며칠 전에 물꼬를 튼 한일 정상회담의 분위기기 모든 분야에 퍼져나가고 있어 보인다. 그래서 이래저래 오늘은 양국에 관계된 사람들에게 의미도 있고 행복한 시간이었던 것 같다.

KOICA와 자이카 사무소장님과 함께

락로즈

오늘을 모처럼 쾌적한 날씨다. 미사를 보고 나서 와서 성가를 듣는다. 라면을 끓여 먹었다. 행복한 음악을 들으며 피터 홉커크가 쓴 《그레이트 게임》을 읽는다. 근대사에서 영국, 소련, 프랑스 등이 인도를 중심으로 침략 활동을 어떻게 전개했는지를 다룬다. 거의 6백여 페이지에 이르는 방대한 분량이다.

어제는 한글학교에서 락로즈에 다녀왔다. 수도 다카르르에서 40km 떨어진 곳에 방문자의 시선을 한 눈에 사로잡는 분홍빛 호수다. 락로즈는 대서양과 좁은 언덕을 사이에 두고 분리되어 있으며, 건기에는 소금 함유량이 1리터당 300그램 이상으로 중동의 사해와 비슷한 수준이다. 이곳이 바로 파리-다카르르 랠리의 결승 지점이며, 시상식의 무대이기도 했던 곳이다.

1970년대까지 락로즈 호수는 평범한 호수에 불과했으나 세네갈에 극심한 가뭄이 들이닥쳐 호수가 급격히 마르기 시작했고, 이로 인해 호수 바닥에 있던 소금 추출이 가능해지면서 호수가 분홍빛을 띠기 시작한 것이다. 분홍빛을 내는 이유는 호수의 염분에 의해 생기는 시아노 박테리아에 의한 것이다. 이 박테리아는 햇빛을 흡수하기 위해 붉은 색소를 내는 성질이 있다. 호수의 염도가 너무 높아 다른 유기체는 서식하지 못한다. 이 박테리아는 신체에 무해하며 호수에서는 수영이 가능하다. 수영을 못하는 사람도 높은 염도에 의하여 호수 위에 두둥실 떠있는 체험을 할 수 있다.

이곳은 다카르에 속하면서도 차로 1시간 이상 가야 하는 꽤 먼 거리에 있다. 그곳까지 가는 버스가 없기 때문에 차량이 여의치 않으면 갈 수 없다. 정종량 선생이 몹시 가고 싶어 해서, 언젠가 택시를 대절해서 함께 가기로 했던 곳이다. 나는 언젠가 가려고 택시 기사에게 택시비도 알아보고, 관광할 곳도 알아보고 했었다. 그 기사는 그곳까지 왕복하고 1시간 정도 중간에 구경하는 것으로 2만 5천 세파를 달라고 했었다. 그런데 마침 한글학교에서 그곳으로 소풍을 간다니 너무나 잘되었다. 우선 정 선생께 함께 가자고 권하고 교장선생님의 동의도 얻었다. 점심값 5천 세파만 부담하면 된다.

아침에 교회 차량으로 집에서 출발하여 교회에 집결했다. 다시 교회 차량과 학부모 차량을 이용하여 이동했다. 학부모들은 거의 모두 나왔다. 총 4십여 명이 되었다. 그곳에는 멋진 호델도 있었다.

사막 투어를 했다. 1시간 30분가량의 일정이다. 트럭을 개조한 차량을 탔다. 손잡이가 있고 위쪽으로는 모두 개방된 차다. 역시 아주 오래된 차다. 이슬람 무장 단체들이 소동을 벌이지 않았던 옛날에는 이곳이 파리-다카르 사막 랠리의 최종 지점이었다고 한다. 지금 그 랠리를 우리가 가는 것이다.

사막이어서 정해진 길이 없고, 사막 위를 임의적으로 달리는 코스여서 흥미진진하였다. 오르내리는 경사가 아주 심해서 차가 전복되지 않을까하고 몹시 걱정이 되기도 하였다. 가다가 막히면 뒤로 또는 다른 길로 가면서 흥미롭고 신나는 사막 질주를 경험했다. 한 순간도 방심할 수 없는 코스였다. 아이들과 어머니들은 계속 괴성을 지르고 즐거워하였다.

랠리 중간에 백 목사님이 대표로 있는 NGO Better World가 운영하는 초등학교가 있어 잠시 들렀다. 사막 가운데 학교만 있다. 식수 탑도 있다. Better World가 KOICA와 협력 사업으로 학교와 급수 시설을 지원했다고 한다. 아이들은 휴일인데도 우리가 온다니 모두 출석해 있었다. 교실은 비교적 시절이 잘 되어 있고, 선생님들도 열성이 깊어 보였다. 아이들과 이야기를 나누며 사진도 찍었다.

사막 가운데 마을이 있었다. 나무도 거의 없는 사막 마을에 아이들 사람들은 사막에서 뛰놀거나 그늘에서 우리를 바라보고 있다. 그런데 TV 안테나들이 보인다. 전기가 들어오는 것으로 생각했었다. 그런데 이곳에는 전기가 오지 않아 모두가 태양열 발전(Solar System)을 한다고 한다. 한글학교 교사인 신성엽 부부도 Better World 직원으로 이곳에 살고 있는데 태양열 발전으로 냉장고와 전등을 켠다고 했다. 에어컨을 켜면 작동이 중단된다고 한다. 정말 어려운 여건 속에 생활하고 있었다. 45도 가까운 폭염 속에 선풍기도 어려운 곳에 살고 있다고 생각도 못 했었다.

체감하기에 날씨는 조금 서늘해 보였다. 워낙 건조해서 오히려 서늘하다고 한다. 계속 가니 바다가 보인다. 끝없이 백사장이 펼쳐져 있다. 인적은 전혀 없다. 앞으로 이 아름다운 백사장과 락로즈를 연결해서 관광지로 만들면 좋은 작품이 될 것 같았다. 사람은 없는데 백사장은 온통 쓰레기 더미다. 어디에선가 온 것인지 아니면 사람들이 여기까지 와서 버린 것인지 알 수 없다. 수십 년간 치우지는 않고 계속 쌓인 플라스틱과 비닐 제품 쓰레기들이다.

사람들이 우리를 부른다. 가 보니 우리가 온 줄 알고, 그 사이에 백사장 모퉁이에 관광 기념품을 전시해 놓았다. 대부분 목각품인데 다카르의 그것들과 별 차이는 없고 값은 워낙 비싸다. 아무도 사지 않는다. 3천 세파 정도 하는 것을 만 오천 세파 달라고 하니 팔리지 않고 있다.

사막 투어를 끝내고 호텔 방갈로 식당에서 점심을 했다. 호텔에서 준비한 닭고기, 생선 요리 등이 나왔다. 또 목사 사모님이 별도로 김밥과 떡을 준비해 오셨다. 다른 학부모님들도 음료수와 간식거리를 가져와서 함께 나눴다.

식사 후에는 야외 교실에서 모래 그림을 그렸다. 몇 주 전부터 선생님들이 재료를 준비했고 동영상으로 미리 학습했다. 아이들은 신나게 그린다. 이곳 세네갈에서는 관광지 마다 모래 그림을 판다. 풀로 밑그림을 그리고 그 위에 다양한 색깔의 모래를 붙여서 그림을 완성한다. 모두 열심이다. 그림을 완성한 아이들은 호텔 야회 수영장으로 들어간다.

6시를 넘기고 귀가했다. 정말 오랜만에 즐거운 시간을 가졌다. 특히 정 자문관이 너무도 좋은 기회에 푸짐한 대접을 받아 너무 좋아해서 나의 기쁨도 더 컸다. 올 때 목사 사모님이 종이 가방을 주셨다. 집에 와서 보니 진라면 열 개가 들어 있었다. 이곳에서 가장 필요한 것 중의 하나가 라면인데 정말 좋은 선물이다. 너무 고맙다.

한글학교 아이들과 락로즈에서 소풍 행사 중

다시 이사하는 날

오늘 이사했다. 다카르에 와서 처음으로 주거를 옮기게 되었다. 현재 사는 집이 나빠서가 아니라, 더 좋은 여건의 집이 마련되었기 때문이다. 세네갈에서는 오래전부터 해외봉사단원들에게 주택을 제공해 왔었다. 그래서 내가 이곳에 부임하기 전에 인터넷으로 검색해 보니 정부 임대 주택을 제공한다고 해서 편한 마음으로 왔었다. 그러나 상황은 여의치 않아 개인적으로 주택을 임대하여 거의 1년 반을 살아 왔다.

다카르는 집세와 생활비가 워낙 비싸기 때문에 정부에서는 공무원에게도 주택을 제공하거나 임대 비용을 제공한다. 그래서 우리 사무소 직원들도 정부 임대 주택에 살거나 보조금으로 집을 얻기도 한다.

이곳에 자문단이 셋이었는데 두 분은 정부 임대 주택에서 생활하고, 나는 개인적으로 임대하여 생활함으로써 경제적으로 좀 부담이 되었다. 그런데 이 자문관이 살던 주택은 너무 낡고 또 정부에서 회수해 버렸다. 나도 다른 단원이 살던 다른 주택을 원했으나, 역시 정부에서 회수해 버려서 이사 갈 수 없었다.

이번에 정 자문관이 귀국하게 되니 그 집에 이사할 수 있을까 하여 여러 가지 궁리를 했었다. 결국 정식으로 정부에 이사 신청을 했고, 이사하게 며칠 전에 승인이 나서 이사할 수 있게 되었다.

짐이라고 해도 얼마 되지 않는다. 그래도 이틀 동안 짐을 쌌다. 한 해 반 동안 살면서 잡동사니 짐들이 꽤 늘었다. 다행인 것은 열흘 전에 김상용 자문관이 이곳에 부임했다. 그는 집을 구하는 중이어서, 내 집을 임대하기로 했다. 내가 사용하던 가구, 비품 등을 그에게 인계했다. 김 자문관이 생활하는 데 필요한 것은 모두 남기고, 나는 정 자문관이 살던 집으로 가면 되기 때문에 비교적 간편하게 이사할 수 있었다. 김 자문관은 의료 보건 전문가로 서울 삼성병원 설립 팀장이었다고 한다. 세네갈에 멋진 병원이 새로 탄생할 수 있으리라 기대해 본다.

아침에 현지 직원 Jean Seck이 소형 트럭을 갖고 왔다. 이사할 곳은 메르모즈에 있는 4층짜리 연립주택이다. 나는 2층에 살게 된다. 많이 버리고 또 많이 남겼으나 자잘한 짐이 많았다. 처음 다카르에 올 때는 달랑 가방 두 개가 전부였다. 그 사이에 먹을 것, 그릇, 잡동사니 물건들을 사들이다 보니 자그마한 보자기 수가 20개가 되었다. 짐을 내리는 데도 힘들었다. 5층에서 내려야 하기 때문이다. 엘리베이터가 없으니 일일이 갖고 오르내려야 한다. 그나마 냉장고, 침대, 가스레인지 등 큰 짐들은 놔두고 가니 다행이다.

새 집에 도착하여 다시 2층으로 짐들을 옮겼다. 그 사이에 만들어 키운 자식 같은 화분들도 여섯 개 중에서 세 개를 가져와서 아파트 밖 입구에 배치했다. 살벌한 모래 더미 현관에 조금 운치가 있어 보였다. 짐 정리는 엄두가 나지 않았다. 정 자문관이 귀국한 후에 천천히 정리하기로 했다. 그냥 생활에 꼭 필요한 세면도구와 옷 등 몇 가지만 빼내어 정리했다.

이곳에서의 식사는 솜씨 좋은 정 선생이 했다. 나는 보조 역할이다. 오늘은 오이를 자르고, 설거지 정도 했다. 함께 있으니 너무 좋다. 우선 대화를 할 상대가 있어서 좋고, 또 외롭지 않아서 좋다. 밥을 오랜만에 항상 함께 먹으니 역시 좋다. 또 성격이 좋고 다른 사람을 잘 이해해 주며 특히 항상 유머가 넘치는 분이다 보니, 이제야 생활하는 기분이 든다.

정 선생은 귀국을 일주일 남기고 있다. 이제 업무를 종료하고, 출근하지 않고 집에서 귀국 준비를 하고 있다. 나도 처음으로 5일 동안 이사 휴가를 신청하여 한가한 시간을 갖게 되었다.

다음 날 정 선생과 함께 Monument de Renaissance까지 걷기 운동을 했다. 걸어서 50분 정도의 거리다. 바닷가를 끼고 있어서 경치도 좋고 안전하기도 하다. 특히 먼지나 매연이 비교적 적은 곳이다.

이 기념관은 세네갈의 가장 상징적이며 대표적인 조형물이다. 다카르 어디에서나 우뚝 선 이 기념관을 볼 수가 있다. 미국의 자유의 여신상을 모델로 하여 만들었다고 한다. 그런데 이 기념관을 디자인하여 만든 나라가 북한이다. 한국에서 연수 중에 세네갈 청년이 나에게 세네갈 문화와 언어를 강의했었다. 그가 이 조형물을 보여주며 자랑을 하는데 나는 첫눈에 북한의 노동적위대 군상을 빼닮았다는 생각이 들었다. 알고 보니 북한 조각가들이 만들었다는 것이다. 어느 핸가 미술가들이 세계 최악의 조각상으로 선정한 적이 있다고 하는데 사실인지 모르겠다.

기념관 지역에 도착하면 제주도의 조그마한 오름 같은 동산이 있다. 백여 개의 계단을 걸어서 올라가면 그곳에 거대한 Monument de Renaissance이 서 있다. 정 선생은 매주 이곳으로 와서 열 번씩 오르내린다고 한다. 나는 한 번도 오르기 힘든데 대단한 체력이다. 그런데 정작 매주 이곳을 오면서 한 번도 기념관 내부를 구경해본 적이 없다는 것이다. 그냥 운동 장소로만 이용했다는 것이다.

나는 정 선생께 이곳을 떠나기 전에 내부를 구경시켜 주기로 마음먹었다. 요금표를 보니 외국인은 6천 5백 세파다. 내가 코팅한 신분증을 내보이니 거주증 소지자로 간주하여, 3천 세파씩 해주었다. 엘리베이터를 타고 전망대로 갔다. 다시 걸어서 가장 높은 곳으로 가니 10명 정도 전망할 수 있는 아주 좁은 공간이었다. 나중에 한 가족이 함께 합류하여 총 관람객은 5명이었다. 대학 교수라는 분이 영어 가이드로 설명을 해준다. 교수도 급료가 얼마 되지 않으니 틈나는 대로 알바를 해서 돈을 벌고 있다. 밑층에는 박물관도 함께 개설되어 있었다. 민속 씨름을 하는 주민 등 생활 모습을 담은 2십여 명의 실물 크기의 조각상이 전시되어 있었다. 또 다른 방에는 마틴 루터 킹 목사, 오바마 대통령, 그리고 전 현직 세네갈 대통령 사진과 그림들이 벽을 장식하고 있었다. 개관에 즈음하여 인근 아프리카 국가에서 기증한 민속품들이 전시되어 있는데 장승, 생활도구 등 십여 점의 민예품이 전시되어 있었다.

2년간 성실하게 근무하다 떠나는 정 선생이 구경하지 못했던 Monument de Renaissance 내부를 함께 구경하게 되어 뜻깊었다.

어제는 전공을 불러서 TV, 세탁기, 전등, 문 시건 장치 등을 설치했다. 그리고 미흡한 점들이 있어서 오늘도 다시 불러 보완했다. 두 방에는 전등이 켜지지 않았다. 또 창문이 안 잠기는 곳도 두세 군데 있었다. 새로 고리 등을 구입해서 설치했다. 문제는 이런 일을 하는 데 너무 많은 시간이 걸린다는 것이다.

예를 들어 TV 안테나를 설치하려면 기술자에게 안테나와 부품을 구입할 돈을 준다. 구입하러 간 그는 2시간 반이 지나서 돌아왔다. 그런데 5분 거리에 안테나 부품을 파는 가게가 몇 군데 있는데도 도대체 어디 갔다 왔는지 모르겠다. 실제 일한 시간은 한 시간도 안 된다.

12시경에 또 문고리를 사러 간다고 해서 돈을 주었다. 3시간 정도 지나서 왔다. 돌아와서 30분 정도 일했다. 인건비는 3만 세파 달라고 한다. 지난번 아파트에서 안테나를 설치할 때는 5천 세파 정도 준 것 같은데 터무니없다. 그러나 아파트 관리인 아주머니가 소개해서 왔으니 요구대로 다 주었다. 다음 날 세탁기가 잘 작동되지 않아 불렀더니, 수도꼭지를 교체해야 한다면서 5천 세파를 달라고 한다. 교통비 2천 세파에 부품 값이 3천 세파다. 어제 잘 살폈으면 오늘 올 필요도 없었는데 대충대충 하다 보니 이런 일이 다시 생긴다.

일하는 것이 너무 엉성하다. TV도 잘 나오지 않는다. 영상이 겹친다. 결국 며칠 후에 옥상에 올라가 보니 안테나가 고정되지 않고 그냥 걸쳐만 놓았었다. 약간의 바람에도 제멋대로 돌아가게 해 놓았으니 영상이 잘 잡힐 리 없다. 테이프로 고정시키자 안정되었다. 그가 기술자가 맞는지 모르겠다.

부러운 친구 아들

아침 8시부터 선생님과 함께 청소를 시작한다. 선생님은 어디어디 집중적으로 청소해야 되는지를 설명해 준다. 그리고 의자 손잡이, 문틀 등 꼼꼼히 청소해야 한다고 설명한다. 워낙 먼지가 많기 때문이다.

나는 지난번 집에서 일주일에 한 번만 대청소를 했다. 그런데 이곳에서는 자주 청소를 잘 해야 된다고 한다. 청소가 끝나자 솜씨 좋은 선생님이 아침 준비를 하고 나는 역시 또 보조를 한다. 엊저녁 찌개와 반찬을 중심으로 간단히 아침을 마친다. 설거지는 자청한다. 설거지를 마치자 차를 함께 마신다. 믹스 커피가 제격이다.

선생님이 그의 아들 '한길'이 이야기를 한다. 벌써 서너 차례 들었지만 들을 때마다 생각하는 점이 많아진다. 또 선생님은 이 아들을 키우면서 교육했던 얘기를 여러 차례 강연으로도 소개했다니 이 공간에서 일부를 얘기해도 양해해 주실 것 같다.

아들 한길이는 서울시 내 대학교 기계과에 다니고 있다. 아들은 초등학교 때부터 아주 뛰어나고 영특했다고 한다. 그런데 중학교 때 컴퓨터 게임에 심하게 빠지고 말았다. PC방에서 아들을 찾아다 혼도 내고 해서 정상적인 학생으로 다시 생활하게 되었다.

고등학교 1학년 때 친구를 잘못 만난 것 같다. 그 친구와 거의 PC방에서 함께 보내면서 학교는 다니는 둥 마는 둥 했다. 평균 90점쯤 하던 아들은 80점 밑으로 곤두박질했다. 결국 집에 들어오지도 않고 게임에 빠졌다. 겨우 찾아서 집으로 데려온 아들을 정말 모질게 체벌했다.

특히 사모님이 당신은 좋은 일만 하고 나는 왜 항상 악역을 해야 하느냐 말에 더욱 크게 매를 들게 되었다고 한다. 그 후 1년 정도는 얌전하게 학교 생활을 했다.

한 해 정도 지난 뒤에 다시 그 컴퓨터 게임 중독이 재발했다. 어느 날 가출했다. 거의 한 달 동안 매일 퇴근 후에 부인과 함께 모든 PC방을 전전하며 아들을 찾아 다녔다. 그러나 어디에서도 그림자조차 찾을 수 없었다.

결국 담임선생님이 컴퓨터 친구에게 아들과 온라인 게임을 시도하도록 했고 접촉이 되었다. 경찰관은 아들이 친구와 게임을 하면 아들의 게임하는 장소를 추적할 수 있다고 했다. 아들 친구에게 계속 쉬지 않고 게임을 하도록 하고 경찰은 위치를 추적하기 시작했다.

담임, 경찰관과 함께 부부는 드디어 게임에 빠져 있는 아들을 어느 PC방에서 발견할 수 있었다. 그 사이에 아들은 주유소에서 알바를 하며 생활비를 벌고 게임에 빠져 있었다. 아들을 게임에 빠지게 하고 가출까지 하게 된 부부는 결국 아들 친구 부부와 길에서 대판 싸우기도 했다고 한다. 부모가 무슨 죄가 있겠는가? 게임이 문제일 것이다.

학교로 돌아갔으나 아이는 적응하지 못했고, 결국 자퇴했다. 부모님은 모든 것이 무너졌을 것이고 그 절망감은 얼마나 컸겠는가.

그 사이에 아들과 함께 일주일에 두 번씩 상담 교육을 받게 되었고, 또 시청 동료가 상담 전문가여서 정기적으로 상담을 받았다는 얘기도 했다. 특히 아들은 미술 치료 프로그램 등을 이수했는데, 상담 교사가 요구하는 그림을 그려 제공하는 등 전혀 문제가 없는 것처럼 처신했다.

영리한 아들은 검정고시를 거쳐 건축과에 합격했고, 적성에 맞지 않아 기계과로 전과했다. 지금은 약대로 전과하기 위해 열심히 공부하고 있다.

반면에 그의 딸은 작년에 결혼했는데 대원외국어고를 다니다 수도여고로 전과하여 의대를 졸업했다. 지금은 안과 전문의다. 작년에 동료 의사와 결혼했다.

그의 아들은 생활력이 아주 강하다고 한다. 대학 다니면서도 아르바이트를 계속하면서 학비를 많이 벌고, 자기에게 오히려 용돈을 주기도 한다고 한다. 그는 자녀들 자랑을 자주한다. 당연하다. 자식 농사를 잘하고 있으니. 어쨌든 그는 요즘 몹시 행복하다. 생활은 항상 역동적이다. 매사에 적극적이고 성실하며 또 유머를 잃지 않는 모범적인 가장임에 틀림없다.

다시 김장 그리고 디비때리

김장을 했다. 작년엔 안마리스토(Hann Marist)의 한국선교회에서 김유나, 이득규 선생과 함께 했었는데, 지난해의 인연으로 이번에는 내가 제안해서 김치를 담그게 되었다.

예쁘고 서글서글한 목사 사모님께서 도와주시니 마음 편히 할 수 있었다. 우선 카카오톡으로 작년에 김장을 주도했던 이득규 선생께 준비재료 목록을 보내 달라 했더니 자세히 알려주었다. 고춧가루, 생강, 양파, 쪽파, 대파, 무, 젓갈, 설탕, 소금, 밀가루 등이 필요했다.

고춧가루는 내가 많이 갖고 있어서 가지고 갔다. 우선 배슬기 선생 집으로 40분쯤 걸어서 갔다. 김상용 자문관과 함께 인근의 재래시장으로 걸어가서 깐 마늘, 깐 양파, 소금, 파 등 필요한 것을 대부분 구입했다. 무는 가게마다 돌아다니며 일일이 손으로 눌러보고 단단한 것을 구입했다. 배추는 이미 샤바트 한인식당을 통해서 중국인이 재배한 것을 25kg 구입해 두었다. 나와 김 자문관이 10kg씩 그리고 배 선생은 김치를 별로 좋아하지 않는다면서 5kg을 주문했다.

이곳서도 이제는 깐 마늘을 파는 곳이 있다. 작년엔 하루 전에 모여 1kg의 마늘을 까는 데 3시간 정도 소요되었다. 그런데 지난번 이곳에 와서 깐 마늘을 파는 것을 알게 되었다. 물론 안 깐 것보다 50% 비싸다. 3천 세파니 우리 돈으로 6천 원 정도다. 시장 입구에 보면 청년들이 마늘을 까고 있다. 김장 후 넣을 비닐봉지도 포기마다 넣을 수 있도록 구입했다. 역시 세심한 배슬기 선생이 생각해 냈다.

교회에 도착하고 잠시 후에 사모님이 오셨다. 사모님의 지시대로 김장을 시작했다. 우선 배추를 반으로 잘라서 소금을 뿌리고 절였다. 절일 때 우선 소금물에 담그고 꺼내서 속 사이사이에 소금을 뿌렸다. 충분히 절여지는 동안에 무채를 썰었다. 마늘은 칼로 쪽 낸 후에 믹서로 갈고, 양파는 믹서에 간 것과 좀 크게 썬 것을 나누어 준비했다. 파 썰기와 풀 쑤는 것 등 나머지는 사모님이 모두 해주셨다. 사모님은 무를 강판에서 썰다가 왼손을 베었다. 조금 다쳤다고 하지만 마음이 아팠다. 우리 때문에 상처를 입었기 때문이다. 김장은 일도 중요하지만 대화를 나누는 분위기가 즐겁다. 사모님은 시아버지가 11월에 종합 진단을 받았는데 직장암 말기 판정을 받았다고 한다. 수술은 했는데 간 등 여러 군데로 전이되어서 힘들다고 했다. 그래서 목사님이 지금은 한국에 가 계신다. 시아버지와 어머니, 노인 두 분이 농사를 짓는데 병원에 누워 계시면서도 자신의 병보다 배추 농사 걱정을 더 많이 한다며 애처로워 하신다.

김장을 마치고 점심을 함께했다. 이런 때는 돼지고기를 삶아 먹어야 제격인데 고기를 살 수 없으니 대신 양고기를 주문했다. 양고기는 이미 양념간이 된 것을 불에서 구운 것으로 디비떼리(Dibiterie)라고 한다. 1kg에 5천 세파인데 아주 고소하고 맛있다. 김장에 양고기에 흰밥에 정말 오늘 호강한다. 김장을 들고 택시를 타는 기분이 너무 좋았다. 옛날 우리 집에서처럼 김장하고 연탄 들여 겨울 날 준비를 마쳤을 때의 뿌듯함을 다시 느낄 수 있었다. 이 정도면 귀국할 때까지 김장 걱정은 하지 않아도 될 듯싶다.

세네갈에서 K-POP을

오늘은 산다가의 Sorano 극장에서 K-POP 공연이 있었다. 저녁 8시에 시작하기 때문에 거의 10시 정도에 끝나므로 밤이 늦을까 봐 걱정이 되었다. 그러나 이 공연을 기획하고 추진해온 ISM 대학의 황재윤 선생이 몇 번이나 꼭 오라고 해서 가보게 되었다.

택시를 타기로 하고 혹시 김 자문관이 가면 함께 가려고 했다. 김 선생은 안 가겠다고 해서 혼자 가기로 했다. 또 오늘 오전에 마마두 디우프가 사무실을 방문했었는데 공연 얘기를 했더니 보고 싶다고 해서 가볼 수밖에 없다. 그를 맞아 안내해야 하기 때문이다.

이영호 교수가 생각나서 전화를 했다. 원래 그는 음력설을 지내고 귀국하기로 했으나, KOICA 사무실에서 일찍 귀국하라고 해서 이미 도착했다는 소식을 들었었다. 통화가 됐고 가고 싶다고 해서 교통편이 해결되었다. 그의 관용차를 타고 갈 수 있었다.

숙명여대 여학생 7명과 인솔자 문 교수가 함께 왔다. ISM 대학과 숙명여대가 국제교류 협약을 체결했고, 한 해씩 걸러 가면서 서로 방문하여 문화 활동을 하고 있는 것이다. 이 팀은 2년 전에도 이곳에서 공연을 했었다. 그리고 작년에는 2십여 명의 ISM 대학생들이 한국에서 연수를 받았었다. 이 교류를 성사시킨 것이 황재윤 선생이다.

먼저 ISM 대학교 학생들의 한국 부채춤 공연과 세네갈 전통 무용 공연이 있었다. 이어서 태권도복을 입은 숙대 여학생들의 태권도 품새와 태권무가 있었다.

K-POP이 한 시간 정도 진행되었다. 거의 2십여 곡의 노래와 율동을 선보였다. 노래를 하면서 일사불란하게 율동도 하는 그 젊은이들의 능력과 기억력에 놀라지 않을 수 없었다. 이 정도의 공연을 하려면 전공 공부도 하면서 또 얼마나 많은 시간을 투자해야 하는지 의아했다. 그러나 한 가지를 잘하는 사람이 열 가지도 잘한다는 속설도 있듯이 소위 이들은 다재다능한 젊은이들 같다.

한국 대사님, ISM 총장과 교민, 대학생, 현지인 등 4백여 명이 관람했다. 모두가 한국의 음악과 춤과 율동에 감격했고 맘껏 즐겼다. 친구 디우프도 처음으로 한국의 음악과 무용을 즐기면서 연신 감탄했다. 한국 공연 팀은 일주일 동안 전국을 다니면서 K-POP 공연을 하게 된다. 황선생도 일주일은 그들과 함께 동행해야 하니, 무척 바쁘게 되었다고 한다. 귀가 길은 이 교수의 배려로 편한 귀로가 되었다.

ISM 대학생들의 K-POP에 이은 부채춤 공연

분실인가 도난인가

이영호 교수로부터 전화가 왔다. 김 자문관과 함께 자기 집에서 밥을 먹자고 한다. 혼자 모래 같은 밥알을 씹다가 얼마나 반가운 일인가. 퇴근길에 픽업해 주겠다니 더욱 고맙다.

이 교수는 혼자 귀국했고, 사모님은 한 달 후에나 이곳으로 온다고 한다. 이 교수는 퇴근하면서 항구에 들려 한치 2kg을 사왔다. 아주 큰 오징어다. 사실 한치 오징어는 제주도에서는 크기가 한 치 정도의 작고 부드럽고 맛있는 오징어 종류를 말하지만 이곳에서 그냥 한치라고 부르고 있다.

이 교수는 우리는 손도 못 대게 하고 혼자 손질한다. 껍질을 벗기고 잘게 썰었다. 한국에서 가져온 초고추장에 소주 한잔을 곁들이니, 세상을 모두 얻은 듯 행복했다. 오징어는 살이 두껍고 아주 싱싱했다.

이 교수도 고민이 많다. 그는 지난달 명예 퇴직했다. 10년 가까이 근무 기간을 남겨두고 퇴직한 것이다. 그는 베트남, 라오스 등 4곳에서 인쇄소 시설 개설과 운영을 해온 해외 인쇄소 개설 베테랑으로 한국 폴리스텍 교수다. 그는 젊을 때 세상으로 나와서 자유롭게 새로운 인생을 설계해 보고 싶다고 명예퇴직을 결심했다고 한다. 남자만 셋이 모였으나 또 좋은 분위기에서 밤늦게 대화가 이어졌다.

인쇄소에서는 분실 사고가 많다고 한다. 한국에서 가져온 커터 칼 천 개, 렌치 50개, 스패너 80개, 드라이버 80개 등이 모두 사라져 버렸다고 한다. 최근엔 초대형 진공청소기도 사라졌다는 것이다. 수위가 24시간 근무하는데 내부 소행이 아니면 도저히 분실할 수 없는 상황이라고 한다.

직원들은 아무리 교육시키고 주의를 주어도 일처리가 안 된다고 한다. 한국에 데리고 가서 연수하고 이곳에서 몇 달간 현장 실습을 해서 이제 어느 정도 숙련되었다고 생각하는 직원들은 더 조건이 좋은 공장을 떠나 버렸다. 나머지 직원들도 이제는 봉급을 올려달라고 성화다.

이 인쇄 시설은 한국에서 모두 시설하여 세네갈 교육부에 인계한 상황이다. 그런데 관리자는 INADE(세네갈교육개발원)이다. 그러다 보니 관리자로 연구원을 파견했고, 그는 아무런 전문성도 없이 관리도 제대로 하지 않는다. 그는 현장에 상주하지도 직원 관리도 제대로 하지 않으니 이 교수만 어려움에 처해 있는 상황이다.

이곳 직원들은 교육부 재정 국장의 친척, 고향 사람, 지인 등 능력이아니라 그의 인맥 위주로 선정하여 보냈다고 한다. 일일이 교육을 시켜야 하고 또 수준이 워낙 떨어지다 보니 분통이 터진다고 한다. 그리고 무슨 일을 지시해도 대답만 하고 실행하지 않는다고 한다. 그들의 습성이다. 많은 스트레스를 매일 받고 있는 이 교수가 걱정된다. 이 상황을 어떻게 잘 해결해야 하나?

고기국수 만들기

이 교수, 김 자문관을 집으로 초청했다. 두 번이나 초대해준 이 교수가 너무 고마워서 우리 집에도 한번 초대하는 것이 도리인 듯했다.

오전에 한글학교 근무하고 오후 2시경에 돌아왔다. 시티지아 수퍼에서 돼지고기 포장육을 6개 구입했다. 그리고 파, 멜론 등도 다시 가서 구입했다. 메모를 잘 하지 않는 버릇 때문에 두 번 가게에 다녀왔다.

사실 이 교수에게 부탁해서 돼지고기를 구입하려 했는데 마침 포장육이 보이니 포기했다. 아직 시간이 있어서 2시간 정도 내일 미사 성경 공부를 했다. 5시경부터 식사 준비했다. 그런데 막상 준비하려니 무엇을 어떻게 시작해야 할는지 막막하다.

오늘은 제주도 특산 식품인 고기국수를 하기로 했다. 그런데 나는 한 번도 국수를 삶아 본 적이 없다. 우선 돼지고기를 삶았다. 익힌 다음 잘게 썰었다. 김도 잘게 잘랐다. 국수는 얼마 전에 깰멜 시장 근처의 중국 상점에서 사왔었다. 그런데 삶는 방법을 모른다. 우선 물을 끓이고 끓는 물에 국수를 넣었다. 김 자문관 말에 의하면 엄지와 검지로 원을 그리면 그 정도의 분량이 일인분이라고 한다. 그럭저럭 넘치면서 삶아냈다. 오이도 껍질을 벗겨 고추장에 찍어 먹게 준비했다. 또 지난번 사온 문어와 오징어도 삶았다. 맥주도 몇 캔 있고 포도주도 있으니, 그럭저럭 될 것 같다. 후식은 멜론으로 하면 될 것 같다.

준비는 거의 되었는데, 식탁 차리기에 마음이 분주하다. 준비가 끝났으나 아직 손님들이 도착하지 않는다. 전화해 보니 교통 체증으로 지체되고 있단다.

20분 쯤 후에 도착했고 어설픈 고기국수로 시작했다. 제주의 고기국수는 육수가 아주 진해야 한다. 제주도 말로 '듬삭'해야 한다. '듬삭하다'는 말은 지방이 적절히 포함되면서 걸쭉하면서 맛있게 입에 착 달라붙는 맛이라는 뜻이다. 그런데 오늘 국수를 먹어 보니 제주도의 그런 맛은 전혀 안 난다. 국수는 잘 삶아지지 않았는지, 흙냄새 비슷한 맛이 난다. 고기는 포장육이 생돈이 아니라 훈제 돈육으로 아주 건조한 맛이었다. 완전히 실패한 고기국수다. 그런데 친구들이 맛있다니, 이해해 줘서 고마웠다.

이 교수는 집 방문에 기분이 좋다고 한다. 그리고 최근 귀국했을 때 한국에서 2주 만에 살던 집을 팔고, 새 집을 또 사는 등 너무도 바빴던 일을 얘기했다.

김 자문관은 또 자신이 해오던 주말 농장 얘기를 한다. 그는 강원도에 전원주택을 지어 살려고 5백 평 정도를 구입했다. 그중에서 30평 정도는 주말 농장을 했다. 나머지는 인근 주민에게 빌려주었다. 그곳에 2십여 종의 채소를 키우고 주말마다 부인과 함께 내려가서 밭을 가꿨다. 주말엔 그곳 농가에 이삼 일을 항상 보냈다. 그곳에서 일하다 보면 좋은 점이 많고 활력도 솟으나 돌아올 때는 너무 피곤하여 파김치가 되었다.

처음엔 함께 가서 주말을 함께 보내는 것을 즐겼으나 학교에서 강의하는 부인이 돌아오면 너무 피곤해서 언제부턴가 거의 혼자 가게 되었다. 지금은 전에 있던 농가에서 생활하지만 전원주택을 지어서 이사 오기엔 또 많은 어려움이 있다. 지금 생각에 구입비의 이삼십 퍼센트가 손해 보더라도 팔고 싶은 생각을 자주하게 된다고 말한다.

엉성한 메뉴임에도 함께 해준 친구들 고맙다. 김 자문관은 포도주, 이 교수는 음료수를 가져왔었다. 다 좋은 분들이다. 함께 있는 동안 모두 건강하게 잘 지냈으면 좋겠다.

사라 아버지

오늘 황재윤 선생이 출국한다. 3년 동안 ISM(International School of Management) 대학에서 교양 필수 과정의 한국어를 가르치다 귀국한다. 지난번 식사하면서 5시 비행기여서 3시에 수속을 한다고 해서 2시 40분에 공항에 도착하여 기다렸다.

다카르 공항엔 보안이 철저한지 환송객이 대기할 장소가 전혀 없다. 차에서 내려 길가에 서서 환송객을 기다리고 있으면 경비나 잔다머리(경찰)가 내쫓는다. 황당한 일이다. 전에도 단원의 출국 환송을 나왔다가 쫓겨나서 공항 주변을 빙빙 돌면서 기다렸던 기억이 있다. 오늘도 마찬가지다.

3시가 지나도 보이지 않아 전화했다. 아직 집에서 출발도 하지 않고 있었다. 출발 시간이 6시 15분이어서 4시 20분경에 공항에 도착한단다. 할 수 없이 그늘이 있는 입국자 대기실로 갔다.

대기실도 역시 청사 밖에 비닐 포장을 치고 5십여 개의 의자를 갖다 놓은 것이 전부다. 시간 여유가 있어 그곳에서 기다리기로 했다. 그런데 한 한국분이 인사한다. 내가 KOICA 모자를 쓰고 있어서 알아보았나 보다. 나이는 예순 가까이 되어 보였다. 통성명을 했다.

그분 성함이 김병윤이다. 이곳에서 수산업을 하는 사장님이다. 나도 명함을 건네주었다. 김 사장은 30년 전 처음으로 이곳에 와서 갈치 수출 사업을 시작했고, 이제 4번째 공장을 짓고 있었다. 오늘 한국에서 그곳에 설치할 냉동 설비를 위해 입국하고 있고 그 기술자들을 기다리고 있었다.

한국의 대형 마트에 가면 세네갈 갈치를 많이 볼 수 있다. 국내산 수산물의 어획량 감소, 가격 상등 등으로 이를 대체하기 위한 북대서양, 동남아산 등 수산물 수입이 증가하는 가운데 갈치는 아르리카 세네갈산이 대세로 자리 잡고 있다. 현재 국내의 이마트, 롯데마트, 홈플러스 등 대형마트가 세네갈 갈치를 수입하고 있다고 한다. 세네갈 갈치는 국내산과 외형, 식감이 유사해 소비자들이 거부감이 적은데다 가격이 30% 정도 저렴해 한국인의 입맛을 사로잡고 있다.

우리나라 원양어선들이 세네갈 연근해에서 활발히 조업 중인 점과 한국-세네갈 교역에서 수산물 비중이 월등히 높은 점을 볼 때, 양국 간의 수산관련 분야 협력 증대가 기대되기도 한다. 국내 기업이자 세계 최대 참치 캔 회사인 동원그룹은 2012년 9월 세네갈 국영참치공장을 인수하여 참치가공공장을 설립했다. 다카르르 현지에서 참치 캔을 생산하고 있다.

동원 외에도 세네갈 현지의 한국계 수산회사가 십여 개에 달할 정도로 우리 교민들 상당수가 수산업에 종사하고 있다. 우리 교민의 활발한 활동으로 세네갈의 한국 수출 중 80%가 수산물이며, 우리에게 익숙한 갈치 이외에도 조기, 민어, 문어, 전복 등 우리가 좋아하는 수산물이 한국 소비자에게 제공되고 있다.

손님을 기다리면서 얘기를 나누다 보니, 부인이 레바논인이라고 한다. 내가 "혹시 사라 아버님 아니세요?"하고 물으니, 맞다고 한다. 사라는 우리 한글학교 1학년 어린이고 아주 귀엽고 예쁘다. 그리고 오빠가 고등학생인데 요한이라고 한다. 나의 천주교 본명과 같은 이름이다. 나도 한글학교 교사라고 말하면서 사실 매주 두 번씩 김 사장 댁을 방문한다고 했다. 왜냐하면 아침에 사라를 데리러 가고 오후에는 데려다 주기 때문이다. 그러나 문밖에서 배웅하니 아버지는 본 적이 없다. 아름다운 레바논 어머니는 자주 보지만.

또 지은이 아버지가 그의 동생이라고 한다. 지은이는 작년에 내가 담임했던 어린이다. 아주 영특하고 예쁜 아이이다. 내가 제주가 고향이라고 하자 그는 완도가 고향이라고 한다. 제주도에서는 고속 페리로 2시간 반이면 갈 수 있다.

그는 참치 회사의 이곳 책임자로 일하다가 그 당시에는 거의 버리다시피 하는 갈치를 일본으로 수출했다. 다시 한국 등으로 수출 길을 텄다. 처음엔 시로의 상품에 대한 믿음이 없어서 어려움이 있었지만, 시간이 흐르면서 신뢰도 쌓이고 물건도 많이 팔리고 있다.

사라의 집은 마치 성과 같다. 아주 높은 담장으로 둘러싸여 있고, 가르댕(수위)도 있어 아무나 접근할 수 없다. 그리고 가사 도우미도 여러 명 두고 있다. 김 사장은 우리 교민 중에는 가장 잘 사는 분이라는 말을 들은 적이 있다.

이런저런 얘기를 나누다 한국에서 입국하는 냉동 기술자도 만나고,

나도 황 선생을 보게 되었다.

3년간 수고와 고생을 했는데 환송객은 나밖에 없다. 나는 그녀가 KOICA, 학교, 교회에 헌신해 왔기 때문에 환송객이 많으리라고 생각했었다. 이 외로운 출발에 본인은 또 얼마나 가슴이 에이는지 모르겠다.

어쨌든 조용히 떠나는 게 좋은 일일 수도 있다. 귀국하여 좋은 일이 많이 있기를 기원해 본다. 거의 2시간 혼자 공항에서 이리저리 헤매다 보니, 열을 많이 받고 땀도 많이 흘린 것 같다. 오는 길은 KOICA 차량으로 올 수 있어서 다행이었다.

우리의 한계

오늘은 김 자문관이 사무집기, 사무용품 등을 구입한다고 해서 지원해 주기로 했다. 3시에 만났고, 이영호 교수도 차량을 지원해서 편히 갈 수 있었다.

우선 Medina에 있는 Tewa 컴퓨터 전문점으로 갔다. 이곳은 내가 처음 이곳에 와서 컴퓨터와 부속 용품을 구입했던 곳으로 몇 곳의 견적을 비교해 보니 가장 저렴했었다. 그리고 특히 사장인 Salif는 서글서글하고 전자제품에 대한 전문성도 깊었다. 또 영어도 어느 정도 구사하여 의사소통이 용이했다. 그 사이에 직원도 충원했고 또 대형 차량도 구입해 있었다. 김 자문관이 컴퓨터 구입 등을 문의해서, 내가 구입했던 곳을 소개한 것이다.

그런데 김 자문관은 확실히 나보다 더 꼼꼼하여 이것저것 많이 묻고 살펴보고는 복합 인쇄기만 구입한다. 컴퓨터는 아마 다른 곳에서 구입하려는 것 같았다. 자신이 쓸 것이기 때문에 자신의 요구에 적합한 것을 사는 것이 옳을 것이다. 나의 경우는 아주 특별한 사정이 없는 한 처음 간 곳에서 거의 믿고 구입해 버리는 성격인데, 그는 세심하다. 아마 그의 태도가 옳을 것이다. 나는 사람이 좋다고 하면 그냥 믿고 대충대충 하는 습성이 있기 때문이다.

다시 인도 마켓으로 갔다. 사무용품과 식품과 생활 비품을 구입할 수 있는 곳으로 주로 인도에서 수입한 물건들을 많이 판다. 그래서 가격이 저렴하다. 김 자문관은 커피포트, 컵, 타월 등 많은 물품을 구입했다. 나도 온 김에 와인 따개, 치즈 등을 샀다. 다시 오는 길에 Chez Monami 문구점에 들려 사무용 문구들을 구입했다. 그는 화이트보드와 여러 가지 사무집기를 구입했다. 오늘 길에 김 자문관 근무처까지 이 교수가 차로 구입한 물건들을 배달해 주었고 함께 그의 사무실까지 옮겼다.

이 교수는 저녁 때 교육부 재정국장과 미팅이 있다고 한다. 그런데 계속 연락이 잘 안 되는 모양이다. 인쇄소 직원에게 전화해 봐도 계속 연락이 안 된다고 한다. 연락을 기다리다 결국 이 교수댁에서 함께 저녁을 하게 되었다.

이곳 사람들과의 약속은 참으로 믿기가 어렵다. 우리는 가능한 약속 시간 보다 조금 먼저 약속 장소에 가지만 이들은 약속은 해 놓고도 약속 장소에 나타나지 않거나 한참 지나야 나타나곤 한다. 힘든 인간관계의 나라다. 우리도 옛날에는 코리안 타임이라고 해서 이삼십 분 늦는 경우들이 있었다. 그러나 그것은 한국전쟁 전후로 시계도 귀하던 시절의 얘기다. 그러나 지금 이곳은 모든 생활과 문화 여건이 한국이나 마찬가진데 아직 깨어나지 못하니 문제다.

저녁은 밥, 미역국이 주요 메뉴다. 사모님이 안 계셔서 밑반찬이 없다고 미안해한다. 신세만 지고 있는 우리들이 몇 배 더 면목 없다. 포도주 두 병, 소주 한 병도 비웠다. 나는 소주 한 잔, 포도주 한 잔 했다.

이 교수는 요즘 많은 어려움에 처해 있다. 벌써 인쇄소 도난 사건이 여섯 차례 발생했다. 그렇다고 경찰에 조사를 의뢰할 상황은 아닌 모양이다. 왜냐하면 가르댕이 24시간 지키고 있기 때문이다. 그의 묵인 또는 관련이 없으면 도저히 이루어질 수 없는 상황이다.

교육부에 그의 교체를 여러 번 요구했으나 묵묵부답이라고 한다. 이곳 직원들은 교육부에서 선정 임명하고 급료도 교육부에서 지불한다. 예산과 인사권이 교육부에 있다. 이 교수는 소위 협력자(Assistant) 신분이다. 그러나 실질적으로는 경영자, 운영자, 공장장이다.

그런데 직원들을 관리하고 평가하고 임명과 파면을 할 수 있는 권한이 전혀 없다. 현장 소장이 있는데, 그는 '교육개발원(INADE)' 연구원으로 출근도 잘 하지 않고, 출근해도 현장에 없는 경우가 많다. 관리와 운영도 전혀 하지 않고 월급만 받고 있는 것이다. 그러나 재정국장과 긴밀한 관계가 있어 아무도 뭐라 할 수 없는 상황이다.

우리가 인쇄소에 갔을 때도 그는 마당에서 한담을 하고 있었다. 실제 인쇄에 대해서 아무것도 모르니 직원들을 교육할 수도, 인쇄 내용을 지시할 수도 없고 그냥 시간만 보낸다.

많은 선진국에서 세네갈을 지원하고 있다. 그러나 바르게 받고 잘 활용 관리하지 않으면 의미가 없다. 세네갈의 지원 내용과 협력 방안을 살펴볼 필요가 있다. 2011년부터 2013년까지 평균 국제사회의 대 세네갈 공적개발원조 규모는 약 11억 달러로, 사하라이남 아프리카 총 ODA 규모 대비 2.2%에 해당하는 원조를 지원받고 있다. 최근 10년간의 대 세네갈 ODA는 평균 10억 달러 내외로 이루어졌으며, 2006년 MDRI로 인하여 다자기구로부터 약 17억 달러를 지원받아 총 32억 달러의 대규모 부채 탕감 지원이 있었다.

오늘은 시간이 좀 있어서 인쇄소에 들려 이교수의 설명을 듣고 직접 현장을 살펴볼 기회가 있었다. 이 KOICA 인쇄소는 엄청난 예산을 투입하여 지난해에 완공했다. 세네갈 초등학교 보조교재 '워크북'을 발간하고 있다.

원래 교과서를 인쇄 보급하려고 했으나 이미 캐나다에서 그 사업을 지원하고 있어 교과서 보조 자료를 인쇄 보급하고 있는 것이다. 모든 시설, 자료, 재료 등은 한국에서 지원하고 있다. 이것들이 잘 생산 관리되어야 하는데 여러 가지 문제가 생기는 모양이다.

세 차례 이곳에 왔었으나 인쇄기가 정상적으로 작동하는 모습을 본 것은 이번이 처음이다. 모두가 열심히 자신의 공정을 잘 처리하고 있었다. 관리 운영이 잘 되어 한국 지원의 효과가 극대화되었으면 좋겠다.

다시 시작이다

3주간의 국내 휴가를 마치고 사무실로 출근했다. 역시 아무도 출근하지 않았다. 사무실 문들을 열고 내 방 안으로 들어선다. 먼지와 쾌쾌한 냄새가 코를 찌른다. 책상과 사무기기 등 대청소를 했다. 사실 어제 집에 도착해 보니 집은 온통 먼지를 뒤 집어 쓰고 있었다. 몇 차례 쓸고 닦고 대청소를 하니 겨우 사람이 들어갈 정도가 되었다. 사무실도 몇 차례 쓸고 닦으니 조금 안정되고 근무할 분위기가 되었다. 컴퓨터도 정상 작동되고 있다.

그사이에 한국에 가서는 많은 친구들을 만나고 즐거운 시간도 함께 보냈다. 성당 친구들, 퇴직 교사들, 친구 모임 등이었다. 모두 건강하고 즐겁게 생활하고 있는 모습들을 보면서 나만 왜 이 아프리카에 와서 힘들게 생활하고 있나 하는 생각도 들었으나 어쩌면 가장 보람 있는 시간을 보내고 있는 것은 아닌가 하는 보람도 느꼈다.

작년에 나는 제주특별자치도 문화상을 받았다. 이 상은 제주도의 노벨상이라고 할 만큼 받기 힘든 상이다. 모두 KOICA 근무 덕택이다. 그런데 이곳에 근무하다 보니 시상식에 참석할 수 없었다. 집사람이 대신 수상했다. 그래서 이번에 원희룡 도지사를 만나 감사의 말씀도 드리고, 또 아프리카 세네갈의 사정도 알리고 차도 마시는 뜻깊은 시간도 가질 수 있었다.

한라산은 4월에서 5월 초까지는 고사리 철이다. 내가 간 시기가 고사리 꺾기에 알맞은 기간이라 1년 만에 집사람과 한라산 기슭, 정석 비행장 고사리 밭에 가서 두런두런 얘기도 하면서 고사리도 꺾었다. 그 기쁨이 이루 말할 수 없었다. 그리고 그 고사리는 처갓집에 갔다 드렸다. 아마 그 정도의 분량이면 1년 내내 제사에 쓰기에 모자람이 없을 것이다.

오가면서 거의 1주일이 걸렸으니, 실제 한 2주 정도 휴가를 지낸 셈이다. 하루는 시간을 내어 중장년 일자리 센터를 찾았는데, 우리 직원들 주라며 좋은 볼펜을 30여 자루 주었다. 또 어느 날은 성당 미사에 다녀오다, 프리모 사장을 만났다. 교복과 체육복 등을 판매하는 분이다. 그런데 내가 아프리카에서 봉사하고 있다고 하니, 옷을 주겠다고 한다. 그러나 택배는 시간이 워낙 오래 걸리고 또 옷값보다 우송료가 더 많이 들어서, 결국 티셔츠 20벌을 받아서 가지고 왔다. 그 짐의 부피가 많이 나가서, 결국 내 짐은 라면 몇 개밖에 가져 올 수 없었다.

조금 있으니 직원들이 출근한다. 긴 인사말을 마치고 나는 한국에서 가져온 선물을 일일이 주었다. 세 가지다. 볼펜, 티셔츠, 샤워 타월이다. 한국에 갈 때마다 선물을 갖고 와서 준다며 모두가 너무 기뻐하며 고마워한다. 내가 오히려 기쁘다.

이제 석 달 정도 근무 기간을 남겨 두고 있다. 교육 현장 방문, 관찰 내용 분석, 교육과정 작성, 세미나 개최, 분기 보고서 및 종합 실적서 작성 등 할 일이 많다. 차분하게 이 모든 일들을 잘 마무리해야겠다.

다카르르 교민의 구심점

"선생님, 안녕하세요?"

"안녕! 우리 착한 딸들, 한 주간 잘 지냈어요?"

"아뇨, 독후감 쓰고, 동시 쓰고, 그림 그리고, 정신없이 바빴어요. 그뿐이 아니에요. 과외 공부하고, 학교 시험 때문에 전 과목 공부도 해야 했어요."

"정말 고생이 많았군요. 그러나 수고한 만큼 큰 보람도 얻게 될 것이에요."

3주 만에 아이들을 다시 만나니 너무 기쁘고 반갑다. 조그만 선물을 아이들에게 건넨다. 네임텍와 볼펜이다. 나는 지금 다카르르 한글학교 4학년 담임선생님이다. 작년부터 4학년을 가르치고 있다. 한국에 있을 때부터 기회가 된다면 한국어를 가르치고 싶었다. 그래서 이곳에 오기 전에 대학교에서 한국어 교사 자격 연수를 받았다. 한국의 다문화 가정이라든가, 해외에서 혹시나 한국어를 가르칠 기회가 있을까 해서 미리 준비한 것이다.

한 시간의 한국어 수업을 하려면 거의 3시간 정도 준비를 해야 한다. 주말은 수업과 수업 준비로 대부분의 시간을 할애해야 한다. 힘들지만 한글을 가르칠 수 있다는 자부심으로 항상 기쁘다.

작년엔 한 학부모님이 집으로 초대해 주셨다. 오랜만에 정성스럽게 차린 한국 음식과 아름다운 한국 가정의 다정다감한 분위기를 느낄 수 있었고, 그 집 아이들이 왜 그렇게 바르고 밝게 크고 있는지를 짐작할 수도 있었다.

한국에서는 학생들이 일주일에 네댓 시간씩 정규 수업을 듣고, 웅변 학원으로, 작문 교실로, 과외 수업을 받지만, 이곳에서는 고작 일주일에 한 번 수업을 듣는 것이 전부다. 시간이 절대적으로 모자라지만 선생님들은 정성을 다하고 아이들은 최선을 다하는 모습이 항상 가슴 뿌듯하다.

한글학교 아이들의 특징은 모두가 착하고, 명랑하고, 밝고, 적극적이고, 예의 바르다는 것이다. 더구나 발표력이 아주 뛰어나다. 한국에서는 아이들이 행동이 바르기 않다든가, 험한 말을 많이 쓴다든가, 친구에 다툼과 갈등이 많아서 문제가 많이 발생한다. 그러나 이곳 어린이들에게서는 그런 일이 전혀 없어 보인다. 특히 등하교할 때, 어머니 아버지가 얼마나 아이들을 잘 거두시는지를 느낄 수가 있다.

요즘은 인터넷, TV 등 전자 매체가 잘 보급되어 세계 어디에 있든 한국의 문화, 교육 등을 쉽게 접할 수 있다. 그래서 한국의 아이들이나 세네갈의 아이들이나 교육 수준은 별 차이가 없다. 한글학교에는 받아쓰기, 독후감 쓰기, 또 한자 공부 등을 규칙적으로 한다. 대부분의 아이들은 한 번도 거르지 않고 잘 따라오고 있다.

나는 한국에서 학생 수가 천오백 명에 교직원 수가 백여 명 되는 고등학교와 외국어고등학교 교장을 했었다. 그러나 조그만 다카르르 한글학교 경영이 오히려 더 힘들어 보일 때가 있다. 한글학교를 책임지고 계시는 백원경 목사님은 한글학교의 산 증인이며, 학교의 지속적인 발전과 성장을 위해 무척 애쓰시고 계시다. 학교 경영의 여러 가지 갈등을 해결하고, 공부 여건을 마련하기 위해서 대사관 등에서 중고 에어컨과 텔레비전, 복사기 등 사무기기를 모아오는 등, 우리가 학습과 교육에 몰두할 수 있도록 열심히 노력하신다.

우리 선생님들은 한인교회 신자와 교민, KOICA 인턴 및 봉사단원 등으로 구성되어 있다. 주말을 모두 이곳에 투자하는 그분들의 노고와 희생은 대단하다. 한국에서는 보통 한 달에 한 번 조회를 하지만 이곳에서는 매주 한다. 애국가는 2절까지 부르고, 동요도 율동과 노래를 함께 익히고, 교장 선생님의 유익하고 맛깔스러운 훈화도 빠지지 않는다. 교사가 아니지만 목사 사모님, 지은이 엄마 등은 매주 나와서 모자란 점을 살피고 보충해 주고 도와주신다.

학부모님의 뜨거운 열정은 올해 더욱 빛났다. 맛있는 간식도 해주고, 소풍 등 학교 행사에는 적극적으로 참여하고 지원한다. 지난번 봄 소풍은 락로즈로 갔었는데 모든 학부모님이 참석했다. 호수도 구경하고, 바닷가도 산책하고 사막 랠리도 하면서 멋있는 경험과 뜻 깊은 대화를 나눈 행복한 시간이었다. 한글학교에서는 공부도 중요하지만 함께 대화 나누고, 함께 노래하고, 함께 써보고, 함께 진한 우정을 나누는 시간을 중요시한다. 짧은 시간이지만 허투루 쓰지 않도록 노력하고 있다.

한국에서는 향토 학교 살리기 운동을 전국적으로 진행하고 있다. 학교는 그 지역의 구심점이다. 그런데 이농 현상이 일어나면서 아이들이 점점 줄어들고 그래서 폐교를 해야 하는 상황이 된 곳이 많다. 시골에서는 학교를 살리기 위해 빈집을 리모델링하거나, 아파트를 짓거나 해서 무상으로 어린이가 있는 가족에게 임대하는 것이다. 어린이 가족이 이사 오게 되면 학교는 계속 유지되고, 학교는 그 마을의 문화, 예술, 전통, 생활의 구심점이 되는 것이다.

우리 다카르르 한글학교는 1985년에 개교하여 이제 32년이 되었다. 이곳을 졸업한 많은 동문들이 지금 세계 각처에서 지도자로 훌륭한 한국인으로 활동하고 있다. 이제 성년으로 발돋움할 시기다. 모든 교민들의 적극적인 관심과 지원이 절요하다. 모자란 점이 있으면 서로 보태고, 힘들 때는 잘 이끌어 주면서, 세네갈 한국 교민의 구심점이 되도록 서로 노력해야겠다.

다카르르 한글학교 예능 발표회

주 세네갈 한국 대사님과 관저에서

선생님들의 파업

"학교가 왜 이렇게 썰렁하지요?"

"네, 오늘 선생님들이 파업을 했다고 합니다."

"그럼, 모든 학생과 교사들이 쉬나요?"

"아니요, 몇 학급은 수업을 하고 있어요."

나는 오스만게에 장학관과 함께 다카르 시내에 있는 엘리만죠 초등학교를 방문 중이다. 아주 조그만 운동장은 모래 더미로 가득 덮여 있다. 알센팔 교장은 허름한 교실 한 귀퉁이에 책상 하나 갖다 놓고 근무 중이다. 대부분의 교실을 닫혀 있다. 열두 학급 중, 세 교실만 수업 중이다.

지금은 시험 기간이다. 시험은 3일간 실시된다. 초등학교지만 일 년에 세 차례 전 과목 시험을 본다. 우리처럼 객관식 출제는 없다. 모두 논술형 시험이다. 특히 작문이 중요하다. 원형으로 둘러 앉아, 대화하며 쓰고 있다.

세네갈은 프랑스 식민 지배를 받다가 독립한 나라다. 프랑스어가 공용어이고 또 프랑스의 제도를 많이 채용했다. 교육과 평가도 프랑스 영향이다. 대학에 가려면 프랑스식 바까로레아를 쳐야 하기 때문에, 초등학교 때부터 작문 시험은 아주 중요하다.

여선생님 소냐와 이야기를 나누었다. 그녀는 노동조합에 가입하고 있지 않기 때문에 수업을 하고 있다. 파업하는 가장 큰 이유는 임금 인상이다. 그녀의 월급은 8만 세파 프랑이다. 우리 돈으로 16만 원 정도다. 30만 세파 프랑은 받아야 생활할 수 있다는 것이다. 다카르에서는 집세만 해도 월 15만 세파 정도이기 때문에, 그들의 어려움은 예측하고 남는다.

그러나 근로 조건 개선을 위해 교사가 파업하고, 학생들은 수업을 받지 못해 집과 거리에 방치된다는 것은 문제가 많다. 국가의 기간 인력인 공무원과 교사들은 우리나라처럼 파업을 해서는 안 된다고 생각한다.

몇 달 전 봉사단원 평가회 때 한 단원의 발표한 내용이 기억난다. 그녀는 KOICA의 지원을 받아 컴퓨터 교실을 새로 구축하고, 수업 준비를 철저히 했다. 그런데 개학이 되었는데도, 교사도 학생도 거의 석 달 동안 등교하지 않아, 수업을 거의 못 했다. 고등학교에 근무하는 최 선생님도 학교에 가 보면 계속 휴교해서 정말 허탈했다고 덧붙였다.

이 학교는 공립인데 2십여 년 전에 일본이 지어서 기증했다. 교실 출입문과 창은 철제 커튼형으로 되어 있다. 그 철판은 모두 녹슬어 반은 떨어져 나갔다. 바람에 모래가 계속 교실 안으로 들어온다. 시멘트 교실 바닥은 철제 책상 다리에 끌려, 여기저기 패이고 울퉁불퉁하다. 책상은 철골 구조 위에 합판을 고정시킨 것으로, 합판은 대부분 떨어져 나가 덜렁거린다. 저학년은 교과서나 노트가 없다. 가로세로 15센티 정도의 작은 흑판에 몽당 분필로 쓰고 지운다. 구멍 뚫린 천정 위로 한 점 구름이 한가롭다.

다카르 초등학교에서 수업 참관

수업 도구는 흑판이 유일하다. 시멘트로 만든 흑판이다. 너무 오래 사용하여 많이 훼손되어 있다. 흑판 아래는 물 양동이가 두 개씩 놓여 있다. 물걸레로 지운다. 지우고 나면 마를 때까지 오래 기다려야 한다.

학용품은 몽당연필과 노트가 전부다. 나는 자주 생각해 본다. 한국에서 아이들이 사용하다만 학용품을 모아서 보내주면 아이들이 얼마나 좋아할까 하고 말이다. 오늘도 너무 귀엽고 예쁜 아이들의 올망졸망한 눈망울 속에 밝아오는 세네갈의 미래를 꿈꾼다.

후기

★

바오밥에 걸어둔 시간과 기억

"파파, 뭘 그리 열심히 그리세요?"

"비행기 그려요. 밤마다 나를 만나러 오거든요. 어젯밤에 왔던 친구예요."

내가 사는 연립주택 마당에 한 노숙자가 있다. 언제부터 이곳에 사는지는 아무도 모른다. 마당에는 두 그루의 신나무가 있고, 그는 두 나무를 번갈아 가면서 태양과 바람을 피해 생활한다. 그의 주변엔 10리터짜리 끼렌 물통이 두 개, 1리터짜리 작은 물통이 두 개, 그리고 담요가 두어 장 있다.

나는 그와 자주 간단한 얘기를 나누는 편이다. 그의 말에 의하면 자신은 설비 전문의 고급 기술자였다고 한다. 그리고 사실은 주변에 자기 집이 있다고 한다. 결혼은 하지 않아서 부인과 자녀는 없다.

나는 시장 갔다 오다가 사과, 바게트, 비스킷 등 약간의 먹을거리를 건네기도 한다. 그는 항상 동쪽을 향해 비스듬히 앉아서 생활하고, 새벽엔 거의 매일 큰 소리로 긴 연설을 한다. 무슨 내용인지 모르지만 한두 시간씩 계속된다. 아마 천상의 세계와 소통을 하고, 지상의 삶에 대한 비평을 하는지 모르겠다. 그리고 쉬지 않고 6십 센티미터 정도의 노끈으로 매듭을 만들어 이마에 둘렀다 풀곤 하는 동작을 계속한다. 모래 바닥에 물을 부어 평탄 작업을 한 후에 비행기 그리기도 계속한다. 그렸다 지우고 그렸다 지운다.

우리 집 마당은 3십여 평 정도의 샛길을 겸한 공터다. 거의 이삼 주에 한번은 주민들이 천막을 치고 이런저런 행사를 한다. 주로 결혼식, 이슬람 종교 의식, 마을 모임 등이다. 그런데 그런 행사 때마다 고성능 스피커를 설치하고 쉬지 않고 녹음테이프를 틀어 놓는다. 예를 들어, 어느 집 결혼식이 있으면 이 공터에 천막을 치고 의자를 배열하고 손님을 맞는다. 아마 손님들이 찾아오라고 스피커를 틀어 놓는 것이 아닐까 생각한다. 어떤 때는 저녁부터 다음 날 새벽까지 계속 방송한다. 귀를 막고, 수건을 뒤집어쓰고, 또 이불까지 머리끝까지 올려 잠을 청해 보았으나 결국 뜬 눈으로 새웠다. 그러나 그들에게는 아주 중요한 행사이므로 충분히 이해가 간다.

요즘은 소 추렴도 자주한다. 지난주에도 두 차례나 있었다. 전날 전봇대에 소가 매어 있으면, 다음 날 작업이 이루어지리라는 것을 알 수 있다. 물은 한 방울도 쓰지 않는다. 바닥에 많이 오염된다. 그러나 바닥이 모래더미이다 보니 시간이 흐르고 뜨거운 태양이 한 번 지나가면 무슨 일이 있었는지 알지 못한다. 모래는 모든 것을 안고 흡수하고 입을 닫아 버리기 때문이다. 수 천 마리의 파리 떼들도 흔적도 없이 사라진다.

담배를 몹시 즐기는 철학자는 오늘도 길게 누워 동쪽을 응시하고 있다. 비도 내리지 않고, 날씨는 무더운 곳이다 보니 그늘만 있으면 생활하기 그지없이 쾌적하다. 아프리카의 노숙자에게는 하늘도 특별한 혜택을 내리고 있나 보다.

이 이야기를 통해 세네갈에서 조금은 어렵게 생활하는 나의 모습과 세네갈 사람들의 일상과 환경을 어느 정도 이해할 수 있을 것이다.

지난 수요일(2016. 7. 13) 우리 사무실에서 나의 업무 종료와 서로의 작별을 아쉬워하는 송별식이 있었다. 나는 미리 푸짐한 다과를 준비해 두었다. 그리고 모든 직원에게 줄 종합보고서 책자와 개인 수첩 등도 마련했다. 회의실 벽면엔 그 사이에 활동한 내용을 사진으로 담은 420장의 사진을 전시했다. 여러 가지로 어려운 여건이기 때문에 필요한 모든 물품은 내가 마련했다. 아침 일찍 나와 식장을 준비하고 세팅했다. 이미 퇴직한 장학관인 마마두 디우프가 나와서 도와주었다.

그런데 별도로 교육청에서 음식과 다과를 풍성하게 또 준비하고 있었다. 사무실 경제 사정이 여의치 않은 이곳에서 이정도의 경비를 지출하는 것은 아주 드문 일이다.

송별식이 시작되고 유아교육청장인 Ousmane Diouf는 그 사이에 내가 추진했던 유아교육과정 작성, 유치원 평가 척도 개발, 교수학습법 보급, 세네갈 유아 체험 학습센터 건립 프로젝트 완성 등에 고마움을 표하고, 또 특히 사무실에 필요한 전자 기기, 교수학습 도구 등을 지원해 준 것에 대해서 고마움을 표했다. 이어서 전 직원이 돌아가면서 고마움과 석별의 인사말을 한마디씩 한다.

마지막으로 내가 인사말을 전했다. 세네갈의 고유 언어인 월러프어로 해봤다. 물론 사전에 직원 친구의 도움을 받아 몇 번 연습해 두었다.

“앗 살라무 알레이쿰 냐리 앗 두 냐리 판 비마 뇨웨이 피 바 레기 루 라 페탈 악 넥할 안드 비 모아이 엔 예프 directeur 악 equipe 비 예프 능겐 바팔레마 comme 센 frere. 비스 부 넥, 쿠 넥…망기 뎀 와에 Jamai 두마 파떼 피 발렌마 악 안더 부네 데이암 따깔리꾸 제르제프(여러분 모두 안녕하세요? 이곳에 처음 왔을 때가 어제 같은데 벌써 2년이 지났습니다. 내가 이곳에서 2년을 잘 보낼 수 있었던 것은 오로지 Director Ousmane Diouf 선생님을 비롯한 우리 부서 모든 친구들의 따뜻한 사랑과 도움 덕택이었습니다. 모두 한 형제처럼 일 처리를 도와주고 또 생활에 어려움이 있을 때는 자기 일처럼 처리해 주었습니다.…이곳에서의 행복한 2년간의 생활과 근무를 영원히 잊지 못할 것입니다. 여러분 모두의 건강과 가정의 행복을 빕니다. 감사합니다)."

감사장에 이어 직원들은 아주 특별한 선물을 준비했다. 전통옷 상하의 두벌과 세네갈 여인 사진 액자이다. 옷 한 벌은 집사람을 위한 것이었다. 나는 이 옷을 입고 직원들과 기념 촬영을 했다. 모두 마음으로 깊은 감사하고 따뜻한 눈물을 흘리고 있음을 느낄 수 있었다.

나는 제주도에서 태어나 제주도에서 자라고 제주도에서 공부하고 제주도에서 아이들을 가르치며 살아왔다. 그리고 2014년 2월 제주외국어고와 제주중앙여자고 교장을 마지막으로 정년퇴임했다. 그 사이 영어교사로 2십여 년, 장학사와 장학관으로 십여 년, 그리고 교감, 교장으로 근무하였다.

나의 삶을 일관하는 가치는 항상 정직과 성실에 뿌리를 둔 노력이라고 말할 수 있다. 세상 모든 일이 항상 뜻대로 이루어지지는 않지만 성심성의껏 진실하게 노력하면 하늘의 뜻에 따라 필요한 것을 얻게 된다는 것이 나의 소박한 믿음이다.

후기

4십여 년의 교육자의 길을 마치고, KOICA 월드프렌즈 자문단으로 일하게 된 것은 또 하나의 도전이고 또 다른 행복의 선택이었다.

그러나 삶이 언제나 녹록한 것만이 아니다. 특히 서아프리카 세네갈에서의 삶은 많은 도전을 요구하고 있었다. 40도를 오르내리는 무더위, 모기와 각종 해충, 소통의 어려움, 이질적인 문화와 독특한 인성, 어려운 환경과 생활 등 헤쳐 나가야 할 일들이 산적했다. 그러나 따뜻하고 배려 많은 KOICQ 직원들과 또 교육부 직원들의 보살핌으로 길고도 짧은 2년을 잘 지낼 수 있었다. 또 목표했던 일들도 모두 무사히 끝낼 수 있었으니 마음 뿌듯하다.

그 사이에 부모의 손길이 많이 필요했을 아들과 딸, 또 퇴직하여 인생 후반을 여유롭게 지내려던 계획을 물리치고 편히 떠날 수 있도록 격려 지원해준 집 사람, 온 가족의 남 다른 배려를 다시 생각한다.

신령한 바오밥이 굳게 지키고 있는 세네갈에서의 두 해, 보람차고 행복한 여정이었다.

나무나 세네갈

한국해외봉사단, 나눔과 봉사를 실천합니다

한국해외봉사단,
나눔과 봉사를
실천합니다

https://kov.koica.go.kr

01

World Friends Korea는 무엇인가요?

• • • 월드프렌즈코리아(World Friends Korea, WFK)는 우리나라 정부부처들이 개별적으로 추진해 오던 해외봉사단 사업을 단일브랜드로 통합한 새 이름입니다.

• • • "WFK"는 도움을 받는 나라에서 도움을 주는 나라로 성장한 경험을 통해, 개도국 이웃들의 어려움을 누구보다 공감하는 우리 국민들의 따뜻한 마음을 표현하는 이름입니다.

WFK는 '세계의 친구'로서 국제사회에 기여하는 한국인의 이미지를 더욱 선명하게 알리고, 앞으로 다 함께 잘 사는 인류사회 건설을 위한 아름다운 변화에 앞장설 것입니다.

WFK-한국해외봉사단
http://kov.koica.go.kr

WFK-대학생해외봉사단
http://kucss.or.kr

WFK-해외인터넷청년봉사단
http://www.nia.or.kr/kiv

WFK-중장기자문단
http://kov.koica.go.kr

WFK-개도국과학기술지원단
http://tpc.nrf.re.kr

WFK-퇴직전문가
http://www.nipa.kr

WFK-세계태권도평화봉사단
http://tpcorps.org

02

21세기 글로벌청년리더가 되는 길, WFK-한국해외봉사단

• • • WFK-한국해외봉사단은 2년간 개발도상국 주민들과 함께 생활하며 교육 및 직업훈련, 농수산업, 보건위생, 농촌개발 등 분야에서 기술 지원 및 교류 활동을 통해 그들의 삶의 질을 높이고, 더 나아가 우리나라와 파견국의 상호이해증진에 기여하게 됩니다. 귀국 후에는 해외봉사활동 경험을 우리 사회에 환원하고 21세기 글로벌 인재로서 능력을 발휘하는 기회가 될 수 있습니다.

WFK 한국해외봉사단은 개발도상국의 지속 가능한 경제 사회발전을 돕기 위한 공적개발원조 ODA 사업의 하나입니다.

WFK-한국해외봉사단 파견유형

봉사정신이 투철하고 심신이 건강한 만 20세 이상 대한민국 국민이면 누구나 지원할 수 있습니다.

일반봉사단원

군복무를 필하였거나 면제된 자로서 해외에서 봉사활동을 수행할 수 있는 일정 수준의 자격을 갖춘 만 20세 이상 단원

시니어봉사단원

파견분야 10년 이상의 근무 경력과 전문성을 갖춘 만 50세 이상 단원

KOICA자문단원

관련 분야 현직, 퇴직 전문가로서 해당 분야 10년 이상 실무 경력이 있는 자

드림봉사단원

특성화고 및 마이스터고 졸업 예정자 또는 졸업 후 2년 이내의 자

전문봉사단원

- 글로벌 새마을 청년봉사단
  만 19세 이상~만 34세 이하, 대학 6학기 이상 수료자
- 보건교육 프로그램 및 국제개발 직종 봉사단
  만 19세 이상, 해당 국가가 요청한 자격 기준에 해당되는 자

03

WFK
한국해외봉사단 모집 다양한 분야와 직종을 선발합니다

WFK-한국해외봉사단은 도움이 필요한
세계 각지에서 활동합니다.

WFK 한국해외봉사단 활동인원은 1,393명(2016년 3월). 지난 26년간 65개국에 13,272여 명이 파견되었습니다.

교육

취학연령아동들이 대상으로 하는 기초교육기관, 성인을 대상으로 하는 중등교육기관, 미취업자 및 구직자를 위한 직업훈련학교에서 활동하며, 전반적인 인적자원개발을 지원하고 있습니다.

직종 과학, 미술, 미용, 수학, 요리, 체육, 유아교육, 음악, 직업훈련, 특수교육, 한국어 등

보건

병원, 보건소 등에 파견되어 위생환경 개선, 전염병 예방, 모자보건 증진을 위해 활동하고 있습니다.

직종 간호, 물리치료, 방사선, 보건일반, 영양관리, 임상병리, 작업치료, 치위생

공공행정

정부부처, 관공서, 학교 등에서 활동하며, 개발도상국과 선진국 간 정보 격차 해소를 목표로 우리나라의 우수한 행정경험을 전수하고 있습니다.

직종 경영, 경제, 관광, 마케팅, 박물관, 사서, 사회복지, 통신기술

산업에너지

경제개발의 근간이 되는 산업 및 에너지 분야에 파견되어 관련 기술을 전수하고 있습니다.

직종 건축, 공예, 기계, 섬유/의류, 식품가공, 용접, 자동차, 전자, 토목 등

농림수산

개발도상국 농어촌 주민들과 함께 생활하며 지역의 소득증대, 생활환경 개선을 위해 활동하고 있습니다.

직종 농경제, 농기계, 농업일반, 수산양식, 수의사, 원예, 임업, 지역사회개발, 축산

04

WFK
한국해외봉사단원
모집부터 출국까지
살펴보기

모집선발상담센터 ☎
1588-0434

01 지원서접수

해외봉사단 모집 기간 중 홈페이지에서 온라인 지원서 작성 및 제출

↓

02 서류전형

학력 경력 자격증 등 직종 전문성 평가

↓

03 면접전형 (인성검사)

직종 전문성 평가 및 봉사자의 기본자세와 소양 점검

↓

04 신체검사, 신용 및 신원조회

↓

05 국내훈련 (8주 합숙훈련)

봉사정신 함양, 언어 · 소양 · 실무 · 안전관리교육 실시

↓

06 출국 및 현지적응훈련(8주)

해외봉사단 지원서는 봉사단모집홈페이지 http://kov.koica.go.kr에서 등록 · 접수하실 수 있습니다.

05

해외봉사단원 활동기간 중 지원내역 및 안전관리는 이렇게…

WFK 해외봉사단원은 국내훈련, 현지적응훈련 및 봉사활동기간 중 안전하고 효과적인 활동을 위해 각종 지원을 받게 됩니다.

파견 전

국내훈련기간

국내훈련수당 및 훈련용품 지급

예방접종 및 휴대용 안전장비 지급

재해보상

출국준비기간

여권 및 비자발급 지원

왕복항공료 및 화물탁송료 지원

출국준비금 지급

파견 후

현지정착비

주거비 및 생활비

봉사단원 파견국 물가수준 고려 지급

활동지원

활동물품구입비, 현장사업비 등

봉사단 유숙소 운영(수도에 한함)

건강 및 안전 관리

- 재해 및 상해보험 가입
- 긴급후송서비스(SOS) 재난 발생 시 안전한 지역으로 후송
- 상해 · 질병 치료비 지원 / 연간 정기 건강검진 실시 / 24시간 의료상담

KOICA 안전종합상황실

해외 긴급상황 발생 시 신속 대처할 수 있도록 24시간 운영합니다.

031.740.0640

06

해외봉사단원 활동종료 / 귀국 후 다양한 기회가 제공됩니다

KOICA 지원 및 기회제공

임기를 종료하고 귀국한 단원들에게는 신속한 국내 적응을 돕기 위해 국내정착금 및 취업 정보 지원, 장학 혜택, 국제협력사업 참여 기회 등이 제공됩니다.

국내정착지원금 지급

파견기간 중 적립한 소정의 금액(월 50만 원)을 국내정착지원금으로 일시 지급

취업지원센터 운영

귀국단원들의 국내정착 위한 취업지원센터 운영
해외취업정보제공 해외유망직종안내, 구인정보 제공

국제협력활동 지원

KOICA 직원 채용 시 우대, 귀국 봉사 단원이 직원이 되면 봉사기간 경력 인정

장학금 지원

봉사 활동 분야 및 국제개발협력 관련 분야 석・박사 과정 진학 시 심사를 거쳐 장학생 선발

국내 봉사단네트워크

한국해외봉사단원연합회(KOVA) 봉사활동 경험을 살려 봉사문화 정착과 제3세계 지원 등 공익적 사회활동을 목적으로 하는 귀국 단원들의 모임
수도권 포함 총 9개 국내 지역별 커뮤니티 운영

“주고 오려 했는데 더 많은 걸 받아 왔어요”

해외봉사활동은 흔히 많은 것을 포기하고 희생하는 것으로만 여겨집니다. 그러나 경험해 본 이들은 오히려 얻은 것이 더 많다고 합니다.

“실질적 성과를 거두는 것도 중요하지만 그들 가운데 하나가 되는 것이 더 중요하다. 혼자 할 수 있는 일이 거의 없었다. 그래서 도움을 주려고 왔는데 오히려 도움을 받고 간다.”

안예현(도시계획, 2007-2009, 네팔에서 활동)

내가 가진 능력을 나누는 것은 보람 있는 일이며,
성숙한 인격을 완성하는 지름길입니다

"해외봉사활동, 그 특별함"

"다른 사람에게 내게 있는 것을 나누어 줄 때 그만큼 좋은 무언가가
내 안에 채워지는 것을 경험했다"

김영동(간호, 2007~2009 페루에서 활동)

한국국제협력단(KOICA)은 대한민국의 자랑스러운 이름을 지구촌에 널리 알릴 수 있습니다.

"시간이 지날수록 한국인이라고 알게 되고, 돈이 목적이 아닌 봉사, 나누러 왔다는 걸 알고
고마움을 표하는 사람들이 많아졌다"

김유신(사회복지, 2007~2009 방글라데시에서 활동)

07

더 좋은 세상
함께 만들어 가요

Happiness for All,
with Global KOICA

우리 정부의 대개도국 무상협력사업을 전담 실시하는 외교통상부 산하 정부출연기관으로 1991년 4월 설립되었고 프로젝트, 해외봉사단파견, 국내초청연수 등 다양한 사업을 통해 개발도상국의 경제·사회발전을 지원하고 있습니다.

해외봉사단 모집상담센터

주소 : 경기도 성남시 수정구 대왕판교로 825
한국국제협력단 월드프렌즈사업본부 1층
운영시간 : 09:00-18:00 (중식 12:00-13:00)
전국공통전화 : 1588-0434
팩스 : (031)740-0662
홈페이지 : http://kov.koica.go.kr
모집상담이메일 : kov1@koica.go.kr

대중교통편 안내

- **광역버스** : 6800번
(지하철 강남역 3번, 양재역 9,10,11번 출구 노변정류장 승차 - 나라기록관 앞 하차)
- **광역버스** : 1007, 1007-1, 5600, 6900
(지하철 수서역 6번, 잠실역 6번 출구 수원 방향 승차 - 나라기록관 앞 하차)
- 협력단~양재역 순환차량(25인승) 일 3회 운행
(양재역 9번 출구 서초구민회관 앞 / 10:30, 14:00, 16:30 출발)

KOICA 해외봉사단원 활동경험담

- 오아시스에서 잠을 깨다 시나리오친구들
  송영일 우즈베키스탄 국제협력의사
- 우르겐치에서 건넨 인사 (주)디자인인트로
  이강철 우즈베키스탄 한국어교육분야 봉사단원
- 수나와 타미르의 몽골이야기 (주)디자인인트로
  이정순 몽골 한국어교육분야 봉사단원
  양용열 몽골 컴퓨터분야 봉사단원
- 이집트에서 한국어선생님으로 살기 시나리오친구들
  윤슬기 이집트 한국어교육분야 봉사단원
  민경진 이집트 한국어교육분야 봉사단원
  김미정 이집트 한국어교육분야 봉사단원
- 라흐멧, 카자흐스탄 시나리오친구들
  유은지 카자흐스탄 한국어교육분야 봉사단원
- 모로코에 간 따따 소피아 (주)디자인인트로
  이지선 모로코 유아교육분야 봉사단원
- 서른, 꿈 그리고 아프리카 시나리오친구들
  이재헌 탄자니아 국제협력의사
- 탄자니아 마사이 마을 꼬레아 음렘보 (주)디자인인트로
  권유경 탄자니아 여성분야 봉사단원
- 꼬호머더, 스리랑카? 시나리오친구들
  안종현 스리랑카 건축분야 봉사단원
- 프라하, 탄자니아에 빠지다 시나리오친구들
  최은주 탄자니아 간호분야 봉사단원
- 열정의 자취 : 적도 에콰도르에서 시나리오친구들
  우충환 에콰도르 교육일반분야 중장기자문단
- 아산테 탄자니아 시나리오친구들
  이용준 탄자니아 과학교육분야 봉사단원
- 아잔의 숲 시나리오친구들
  김우진 이집트 한국어교육분야 봉사단원
- 내 이름은 테스파 시나리오친구들
  박강민 에티오피아 컴퓨터교육분야 봉사단원
- 아름다운 탄생 위대한 탄생 시나리오친구들
  최준영 탄자니아 국제협력의사
- 쑤쑤 아줌마 쑤쑤 코이카 시나리오친구들
  김경희 태국 한국어교육분야 봉사단원
- 영원한 청년 in 파라과이 시나리오친구들
  이상옥 파라과이 초등교육분야 봉사단원
- 한국어가 꽃피는 사마르칸트 시나리오친구들
  이석례 우즈베키스탄 한국어교육분야 봉사단원
- 아름다운 후안 시나리오친구들
  박종환 파라과이 초등교육분야 봉사단원
- 캄보디아의 소피아 선생님 시나리오친구들
  안진선 캄보디아 미술교육분야 봉사단원
- 별난 여자, 코이카를 만나다 시나리오친구들
  최순옥 세네갈 컴퓨터교육분야 봉사단원
- 부부함께 코이카 사랑 이야기 시나리오친구들
  주태균 홍중옥 페루 초등교육분야 봉사단원
- 나무나 세네갈 시나리오친구들
  이영운 세네갈 교육일반분야 KOICA 자문단

- KOICA 해외봉사단원 활동경험담은 계속 출간됩니다.